金钱不是问题，
你才是

加里 M.道格拉斯　戴安·希尔博士 著

By Gary M. Douglas and Dr. Dain Heer

目录

第一章

钱啊，钱啊，钱

你有金钱方面的问题吗？

戴恩和我有一个朋友，想要挣大钱。

他说："我有财务问题。"

我说："不，你没有。"

他说："我有。"

我说："不，你没有。"

最后他问："你什么意思啊？"

我说："你并没有什么财务问题，你只是不愿意接收罢了。"

他说："不是这样的。"

我说："是这样的。我可以证明钱不是你的问题。如果你开始运用Access之后，退回到使用Access之前，并留在那里不再进步，我就给你一百万美元，税后。"

他说："别扯了。"

问题跟钱没有关系，从来都没关系；那只关乎你愿意接收什么。如果你愿意接收生命的自由，那么钱对你就没有价值。许多人认为钱是解决问题之道，但它不是。

钱从来不是解决问题之道

钱从来不是解决问题之道，因为钱从来不是问题。如果你试图把钱当作解决的办法，你将只会创造另一个问题，然后你再把属于你的或不属于你的钱用来解决它。

钱能帮你解除麻烦吗？

请对这个提题沉思一会儿。钱会帮你解除麻烦吗？——还是你自己来解除麻烦？是你自己。你如何做？透过认可和拥有你的真实，你把一个看似的财务问题消除了。我这么说是什么意思？

多年以前，我做房地产生意，年收入十万美元以上，我太太一年也能挣这么多，我们春风得意，炙手可热，感觉很酷。我们混迹于有钱人的圈子，被邀请参加富裕社区的各类聚会和活动，和社会名流杯觥交错。那感觉真棒。

接着我的生意急转直下，收入从十万美元减至4000美元。显然，对于我们每个月5000美元的房贷还款、每月1500美元的汽车还款、每个小孩一年15000美元的私立学校的学费来说，这点钱是杯水车薪。

凡是能申请的破产我们一个不落地申请了，然后经历失去每一样东西的过程；城中的有钱朋友也再不与我们往来。

多么奇怪，你有没有发现世界上那个你无法克服的偏见？——贫穷。如果你是个大款，你是什么种族、肤色、信仰、教派，甚至你有多疯狂都无所谓，你有钱就都没问题。我告诉人们，只要有钱，你尽可随性而为，别人顶多觉得你有点古怪，但没人觉得你是疯子。

我们来到了一个身无分文的境地：我们的孩子们不得不离开私校，我们失去了汽车、房子、和几乎所有的一切。我去另一家公司打工，而我憎恨这个。我穷途末路，直到最后我终于认识到这个疯狂、怪异、狂野的唯一选择，就是我们称之为"–Access"的东西——去接收。自从我开始朝这个方向行进时，每一件事都开始逆转了。是不是很有趣？

只要你不愿意认可、拥有和成为全部的你，既美妙又鄙陋的你——无论你如何努力地去抗拒，去逃避、去反应——你都在每一个面向令自己破产，直到走投无路。

你是否愿意放弃没有选择的观点，而开始认识到创造一切你所想的途径，就是成为你真实的那个疯狂、怪异和狂野的你？停止假装你是弱小的、苍白的和无趣的。

人们会想：如果我有钱了，我会停止我正在做的，去过一种不同的生活。但事实不是这样的。

研究发现，那些彩票中奖的人，无论在哪个地方，一、二年之内会完全回到过去的财务状况。他们还是有那么大比例的债务，那么多的制约——只是钱数增加了，他们的财务状况还是和没有中奖前一样混乱。结果显示，钱，不是解决问题之道。

但是，如果你所做的是真实的你，那么中奖与否其实并不相干。实际上，如果你明天会中奖，它仅仅是给了你一个机会，去创造更多的好东西——而你已经知道你无论如何都能够创造这些东西。

问题在于是否能接收，而你才是解决之道

真正的"财务问题"是你不愿意在你的生命里接收"你"。你最不情愿接受的是你其实多么不可思议的棒。钱不是问题，钱也不是解决方案。接收是问题，而你是解决方案。当你开始接

受你真实的伟大时，你生命里的每一样东西都开始改变——包括你的金钱。如果你愿意接受你的伟大，并允许世界看到你的伟大，世界将馈赠你确实配得的。愿意去感知和接受不同的你，是实现你生命的真正愿望的开始。你必须从这里开始。

那么，我需要怎么做才能现身于我的生活里？

说到这里，对被告知你是伟大和奇妙的，你一定感到沮丧。好吧，你知道你很棒，但你却从没有达成你的愿望。你甚至被搞的心烦意乱，然后问：那么，我需要怎么做才能现身于我的生活里？

这是一个你需要问的问题，因为如果你愿意提问并倾听，宇宙会给你一个答案。

请把此书读下去。这本书会有很多的工具、技术和信息，让你能够加以运用，以现身于你的生活里。我们希望你运用它们，开始创造你想要的生活。

你想要钱？

地球这颗星球的自然状态，与你被告知的所有事情相反，是一个丰盛的状态。当你置身大自然时，你四下去看看，如果人类没有竭尽全力地去破坏的话，大自然里无一处不生机盎然，物产丰美；无一处不聚集着动物、鸟禽、昆虫。即使在所谓的不毛之地，也有多的超乎想象的生命。如果你停用一条道路，即使是沥青铺出的道路，在很短的时间里，裂缝会出现，杂草会长出，过不了多长时间，这条路就因被植物覆盖而消失了。这个宇宙的丰盛令人惊叹，而当人类用上了钢筋水泥之后，我们就不再体验大自然的丰富了。只有人类践踏的地方，才会出现荒芜和贫瘠。贫困的意识让我们不能感知和体验持续的自然和丰盛的状态。

贫困意识不是真实状态的反应，而是我们创造的一个头脑状态。当我们告诉自己：我拥有的不够多，我永远也不够时，我们就以这样的状态运作——不管发生什么，我永远都不够。关于这个主题有上百万不同的版本：我拥有的刚够生存；这笔钱恰好就是我要做这件事需要的。

这个观点里，缺乏比丰盛真实；它认为受困于贫穷比富裕更高贵，有的人甚至认为贫穷在道德上更加高尚，他们骄傲于贫穷。戴恩告诉人们，他的家庭过去常说："至少我们有个很棒的家庭，那些有钱人却不开心。"他说，他环顾周围的人并自言自语："他们不能比你更快乐了？我可不这么认为！"

通常，有贫困意识的人对他们的受困于贫穷感到自以为是，或者他们相信他们只能混迹于和自己社会经济水平相当的人，他们只有与跟自己一样穷的人在一起才觉得舒服：我可不和有钱人混，因为有钱人和我们不一样，你知道的。看看你把自己划分到了什么样的类别里。

不只是"穷"人才有贫困意识这样的头脑状态。有钱的人也会有。我最近出席了一个亿万富翁的聚会，每个人看起来都在竭尽全力地贬低他们的花匠及其帮助。这就是他们认为有钱的含义：贬低别人的帮助。噢，找个好帮手太难了！不，一点不难！如果你善待他人，找到好帮手是很容易的。尽管他们有很多钱，但却不愿意接收别人的出色。他们认为他们必须控制员工，并且尽量少付薪水。贫困意识不是关于你拥有多少钱，而是关于你对待自己和他人的方式，以及你是否愿意看到世界的丰盛。

"想要"这个词是贫困意识的关键部分。你知道"想要"这个词是什么意思吗？它的意思是"缺乏"。你每次说我想要，你就是在说我缺乏。如果你说，我想要更多的钱，你就开始越来越缺钱。如果你开始注意到你的所思所说，你会准确地看到你如何在创造丰盛——或者创造缺乏——并让它们显化在你的生活里。

找出字典查一查"想要(want)"这个词，你可能需要找一本老一点的字典，1946年以前的字典对英语语言里的词汇有正确的释义。1946年以后，人们开始改变定义，以反映口语的意思。如果你在一本1946年前的字典里找到"想要"，你会发现它有几种关于"缺乏"的定义，只有一种含义是"希求"。希求是去寻找某个在未来会可能得到的东西，因此，即使是这个释义下，你依然是有麻烦的。

听一听那些真正丰盛的人，他们的词汇里没有"想要"这个词。他们不知道这个词。他们的生活里没有"想要"这个概念。

所有一切就是拥有、得到、获取、接纳。

有一句古谚语说勿浪费，勿希求。不浪费，不缺乏。如果你认识到"想要"的含义是缺乏，而你静听自己，你会看到你总是在使用这个词。询问自己，如何能让"想要"这个词离开我的字典？不是从我想要钱去创造，而是允许自己从我不想要钱去创造，因为每一次你说，我想要更多的钱，你是在说，我缺少钱——那恰恰就是你生活里显现出来的。

试试这个：说十遍我不想要钱。

我不想要钱

我不想要钱

我不想要钱

我不想要钱

我不想要钱

我不想要钱

我不想要钱

我不想要钱

我不想要钱

我不想要钱

发生什么了？说这句我不想要钱让你感到轻松还是沉重？轻的感觉是指扩展和可能之感，还有更强的空间感（你甚至可能已经微笑或大笑了）；重的感觉是指收缩、沉下去、很小可能性之感。

你可能和大多数人一样，对说出我不想要钱感到轻松。为什么会这样？因为真相总是让你感到轻，而谎言让你感到重。真相是你并不缺乏钱，所以说出这句话让你愿意把真相浮现出来。

你可以每天早晨说十遍这句话，以在生活中开始创造接收。当周围的人说我想要钱时，你心领神会地微笑着，说：我不想要钱！

你担心钱吗？

你有没有担心过没有足够的钱？你最近一次担心钱是什么时候？去找到那种感觉，找到了吗？好，把那种感觉放大，到无限大，和宇宙一样大，比宇宙还大。不是永恒，而是无限。你可以想象用一只巨型充气泵的针插入你担忧之感的中心，然后让它充气，直到和宇宙那么大，不过，把某样东西弄的比宇宙更大其实不是你必须想或做的。那就是一个觉知，而你被要求这样做时，它通常即刻就会发生。

当你把你对金钱的担忧放到无限大时发生了什么呢？它变

得更饱满和实在了么？它更真实了么？还是，它逐渐淡出，然后消失了呢？如果它消失了——我们恐怕它会的，那么，它就是一个谎言。你觉得担忧是是真实的，但实际上它不是。你买了一个不真实的东西。

当你找出关怀的感觉，也把它放到无限大，它会变得更加饱满和充实。它填充的空间比沮丧能够填充的空间大。你认识到原来你比自己以为的更能够关怀。你可能说，"是啊，我是很在意的。"而当你将关怀的感觉装满并令其实在时，你可以看到你究竟有多关怀。看起来我们似乎害怕我们可以那么关怀。

设想一下你有很多的钱

现在，设想你拥有了很多钱，找到有很多钱的感觉；把这感觉放到无限大，比宇宙还大。它更充实了还是相反？更充实了？当你设想你没有钱，当你说"天哪，我破产了，我活不下去了"时，如果你把这些感觉或焦虑放到无限大，比宇宙还大时，会发生什么？它们消失了。

如果你在一个谎言之上创造，你能创造出真实的东西吗？

这个是不是很有趣？我们易于买入我没有什么钱这样的谎

言，然后再试图在这些谎言之上创造我们的生活。如果你企图在一个谎言之上创造，那么你能够创造出一个真相吗？没可能。如果你对自己说谎，或者买入虚假的观点，你就创造了限制，令你无法扩展到关于金钱的可能性。

有时戴恩讲述他家庭故事的一面：认为有足够的钱买餐桌上的食物就是幸运了。他的祖父母成长于大萧条时期，曾经忍饥挨饿。所以他们的观点是，能够有钱买食物就是成功的。戴恩买入了这个观点，一直把它当作真相抱持，直到他开始进入Access。他曾经一直认为有钱买食物是衡量成功的一个标准。当他开始运用Access时，他认识到，"不对，那不是真的！"

他开始运用Access并看到生活中不同的可能性之后不久，我们一起开车去旧金山开设一个Access的课程。我们去那儿呆三天，戴恩带上了10个花生酱三明治、3磅什锦干果仁、3盒燕麦卷。因为他没什么钱，他以为这些就是他在旧金山的吃食。

在开车的途中，我把一片"大红"牌的口香糖放进嘴里，嚼了10分钟，吐了，然后又放一片进嘴里。我把那片又嚼了10分钟，吐了，再放一片。我嚼了20分钟，再放一片新的。戴恩什么都没说，但每次我把一片新的口香糖放进嘴里时，他都极度抓狂。

最后他终于张口了："你干嘛要这么干？"

我说："干什么？"

他说："象这样一片接一片地嚼口香糖。"

我说："因为我只喜欢刚开始的滋味，之后的就索然无味了。"

戴恩来自一个把一片口香糖嚼上一天半才吐掉的家庭，他从来没有想到过可以这样奢侈地吃掉一元钱一包的口香糖的可能性。他从没有想到过自己可以有一个不同的富裕程度，这击碎了他全部的不够有钱的定式。他的反应是："等等，你还可以这么干？！"

我们大部分人在长大的过程中都买入了这些谎言和局限。这就是成功，这是我配得的（或不配得的）。在戴恩的例子中，富裕就是你能把自己喂饱。那是他的家庭的观念，而他买入了这个观念。但富裕就是这个么？当然不是。当他看到自己一直围绕着一个谎言来创造财务生活时，新的可能性开始出现了。

不要令自己对金钱那么抓狂——当然我们都很善于这么做——与其担忧金钱，或生活在接近贫穷的状态，不如开始认识到，你对金钱的担忧、关注和信念是不真实的，当你认识到它们是不真实时，你就不会买入它们，也就不会以这些不真实的东西为基础来创造你的生活了。

把它放大到比宇宙更大

运用这个练习来找到真相。当你把某样东西放大到比宇宙还大时，真相就会更加充满，感觉更真实，填满更多空间，而谎言则会消散。运用这个简单的工具，改变生活中关于金钱发生的事情——然后从真相中创造。

我买不起这个

你是否对自己说过，我买不起它？几年前我为一家古董店工作，帮他们重新布置家具。他们雇用我的原因是，每次我重新布置了家具后，总有一些他们库存了两年的东西被卖了出去。于是他们每两周就要我去店里重新布置。

我每小时收取37.5美元的费用，在当时是相当高的收入了。此外，我还尽我所能地做其它事，来养活老婆和孩子。这家古董店的老板对我的工作非常满意，对我说："你要是喜欢店里的任何东西，我们都可以以成本价卖给你，而你还可以分期付款，没有期限，付清为止。只要你一直为我们工作就行。"

这是一家高档的古董店，一张床标价2万美元，一只钻戒3.5万美元。我看着他们，问："谁买的起这些东西呢？"他们给了我这个待遇后，我环顾店里，突然意识到我可以拥有其中任何一样东西。

那些我们认为无法拥有的东西变成了珍宝

一旦我认识到我可以买的起任何我想要的东西时——尽管需要一段时间才能搬回家，我发现这些东西对我来说无足轻重了，我不再在乎它们了。那些我们认为我们买不起、或无法拥有的东西，对我们才珍贵。它们的珍贵，不是它们有真实的价值，而是我们无法拥有它们。我们给缺乏赋予了重要性。因此，每一次你说，我买不起它，你其实在说你不配得到它。我买不起它意味着我无法拥有它。有多少次你决定你买不起一件你希望得到的东西，转而买下更低价值的东西了事？你可以买的起任何东西。世界上几乎任何一家店都接受分期付款。

戴恩和我最近走进了一家当铺，他们的标牌上写着"分期付款，现在就拿走。"意思是你走进这家店里，看到任何东西——最贵的达2万美元，他们都可以让你分期付款，而你可以买下任何一样东西。问题是——你真的想要这些东西吗？

我真的想要拥有的是什么？

你自己一个人来做这个练习。走进一家商店，到处看看并说，好啊，我可以拥有任何我真心想要的东西。我真心想要的是什么呢？你看了又看，然后，这个不错，那个不错，那个也不错。然后你会走出商店，你知道吗？那里面没有一样东西是我真心想拥有的。

我将在生命里拥有它

如果你真找到了你愿意拥有的，说，我将在生命里拥有它，然后不要看价签，并走出商店。为什么不看价签？因为一旦你看了你需要花的钱，你会创造一个制约，认为你买不起。而如果你不看价格，只是说，我将在生命里拥有它，那么你会创造一个机会，令宇宙以你难以想象的方式，和一个你愿意支付的价格，放进你的怀里。

最近我女儿说，"爸爸，我想要一个Gucci的钱包，它们250美元一只。"我说："好啊，很好。让我们看看会发生什么。"

三周后，我毫无缘由地驻足于一家车库甩卖场，发现了一只Gucci钱包，才3块钱。我想那是个A货，没想到是正品。

如果钱不是问题，你会选择什么？

当你在买东西时，你可以放下需要感和缺钱感，问自己，如果钱不是问题，我会选什么？大部分人基于我们以为需要的——和我们无法拥有的，来做选择。当你自问：如果钱不是问题，我会选什么？这个问题让你免于以钱来做选择。

戴恩去买一只打印机。他看了几个不同的型号，我问："如果钱不是问题，你会选择什么？"

他的第一个念头是，"噢，我要挑最大的那台！"那台500美元，有点超出他的范围，但那是他以为他会选择的，如果钱不是问题。但他又看了看，发现了另外一台，功能几乎和500美元的一样，价格是150美元。"哦，如果钱不是问题，我选择这台150美元的打印机。"一旦他摆脱了我需要这个，但我无法拥有它的念头后，他看到他可以拥有任何一样想要的东西，价格却好的多。

大多数人会像戴恩一样，以为如果钱不是问题，他们会买最好及最贵的东西。当你把钱的问题移除后，你可以看到，噢，我并不真想要那个大家伙。有时，最好的并不是你需要的。只花150美元，你本来想要的一切都有了。

你假设自己如果有了所谓最好的，就可以做更多、拥有更多、创造更多，而事实上，你可以用这个问题去感知自己真实的观点，它允许你去看到某样东西的真实价值——对你而言是什么；它让你摆脱我无法拥有这个是因为......的观点。如果你个人的选择是唯一的选择标准，你会怎样选择？就你要购买的东西，你将得到对你来说最合适的东西。

会有些时候，当你问，如果钱不是问题，我将如何选择？而你的确选择买最贵的——你这么做不是以钱为标准，你是基于什么对你是最合适的所做出的选择。

你愿意付税吗？

有些人抗拒付税，他们决定再也不付任何税了，于是尽其所能地逃税。这是一个非常糟糕的决定，因为当他们这么做时，他们削减了自己愿意接收的金钱。

为了能够拥有，你必须愿意接收每一样东西，包括税金。如果你不愿意付税，那么你就不愿意得到收入。我自己则愿意付更多的税。你愿意有能力付超多的税金，因为这意味着你有能力接收超多的金钱。

来上过我们课程的一个男人，他曾经加入了一个不纳税社团，这个社团认定美国国家税务局收税是非法的，他们的观点是美国国家税务局作为一个私立机构建立收税系统，不在宪法涵盖的范围之内，因而是一个非法的机构。

等他告诉我们这些时，我说："酷啊！我来猜猜你收入的情况。自从你加入了这个社团后，你的收入锐减了一半。"那人说，"哇，你怎么知道的？"我说："因为你想要躲政府。当你想躲起来的时候，那意味着你就不允许自己接收了。你不可能一边自己躲藏起来，一边能挣更多的钱。"

你是否把你生活里的哪个部分掩藏起来了？任何你关于税金和纳税的决定，你是否愿意摧毁它们并永不再创造？并且认可和愿意去支付你选择的那些"该死的"税金？

债务与过去的开支

有时人们问我关于债务的问题，以及债务问题如何切入这个关于金钱的讨论。你有没有注意到债务（debt）听起来很像死亡（death）？你是否知道，抵押（mortgage）这个词来自

Mort，意思是死亡，它最初的意思是死亡抵押或直到死亡。换句话说，我将为这个房子工作直到咽气，这基本上就是大多数人所做的事。

当你有债务需要偿还时，不要把自己视为债务人——我们的确在许多前世里因为欠钱而被投进债务人监狱——而是以你正在为过去的开销买单来想这个事情。你正在付清过去的开支——而不是债务。

如果你从过去的开支而非债务的观点来运作，你将开始清理那个东西。每一次你说债务时，你引发了所有前世关于债务人监牢的记忆。摆脱掉债务吧。

信用

如果你有信用，你就会陷入债务。这很棒吗？你工作是为了让自己有信用度，以便能够拥有更大的债务？事情就是这样运作的。如果你没有信用度，你也就没有债务度了。信用度意味着你能够欠更多的钱。这很酷吗？

我们建议你改变关于信用的看法。不要试图创造信用度。找寻你的现金度能够带来的丰盛。问：我如何增加现金流？有什么无限的可能性让大量的现金进入我的生活？

有些人对我说："噢，我有的就是债务。"

我说："OK，你有这些债务；那么，为了还清这些债务，你每月需要多挣多少钱？"

他们回答："我不清楚。我每月的信用卡还款是500美元。"

我说："很棒，这意味着20年后你能够摆脱那个吸血鬼。"

你有没有意识到，哪怕你借信用卡的钱去支付一笔很小的开销，比如一顿40美元的晚餐，你最终支付的会是200美元？哎呀，我奇怪为什么银行喜欢你花钱记账。记账的感觉不错吧？别再这么干了！赚钱的感觉不错，那才是真正的不错。

有信用卡酷，还是赚钱更酷？你对哪个更有兴趣？

有时我看见人们打开钱夹，掉出来一长串的信用卡，我就问："你为什么需要这些？"他们说："嗯，我有很多信用卡。看看我能买多少东西！"

我说，"你能买狗屎。你根本没有钱。"

他们说："我当然能买很多东西了。"

我说，"是，但你没有钱。你很蠢而且神经不正常吗？"

我知道有人清查他的钱包，把所有的信用卡拿出来放一边，这样他就不会到处背着这些债务走了。好主意。然后他说，等他把所有的信用都还清后，他会慢慢地、但肯定会把那些卡片再放回自己的钱包里——如果他够蠢，他会那么做的。

如果你开始用现金和流入你生活的钱过日子，你将开始扩展。当我们想："噢，天哪，我的钱花光了"那只是一个观点。我没钱了，我必须用信用卡。这个观点本身已足以将你锁住，因为它是一个谎言。

放弃信用卡，找到一条不同的路。创造金钱，不要创造信用还有尾随而来的债务。下面的这些工具将帮助你做到。

向你自己这座教堂缴纳十一税

十一税是把一个人收入的十分之一贡献给慈善机构或教堂。你相信你自己的十一税吗？如果你向自己的教堂缴纳十一税会如何？你愿意这么做吗？

下面是你需要做的：你把流入你生活里的所有收入的10%放到一边——放进储蓄账户，放进银行，放到床垫底下，无所谓你放哪儿，就是放到一边，不要花掉。

如果你持续把10%放到一边，你就向宇宙表明，你愿意接到金钱。当你向自己的教堂缴纳十一税时，宇宙回答：哦，你喜欢钱？那好啊，我们给你更多的钱吧。你可能会想：天哪，现在已经入不敷出了，如何能够拿出10%存起来？答案是：这么去做就行了。宇宙尊重你的要求，无论是什么。如果你以收入的10%来尊重你自己，宇宙会说：哦，你想以10%的收入来尊重自己吗？好，给你更多，让你尊重自己。

你把付帐单放在给你自己的十一税之前吗？当你先付帐单时，有没有注意到你的帐单越来越多？为什么会这样？你尊重你的帐单，于是宇宙说：哦，你喜欢帐单？那我们给你更多的帐单吧。

这不是说你不要付帐单了。你所要做的，是尊重你自己，如果你需要变通一下或欠账后补之类的，没问题。如果你开始尊重自己，并向你的教堂交付十一税，六个月到一年之内，你的整个财务状况会发生逆转。你会达到你十亿年前设定的财富目标——那时你说，等我有了这个数目的金钱后，我就是有钱人了；当我赚到这个数目的钱后，我就非常富有了。这些决定是你根本不记得的，但当你达成这些目标后，你的内在会经验一种和平的感觉，至此你对金钱的狂热需求就消散了。

只是10%而已

我的朋友经营一家古董店，每六个月向银行借款10万美元去欧洲购买古董。银行预先收取10个点，就是说1万美元，这样他只收到9万美元，却要还10万美元，另外借款利息15%。如果他一年才能还清，他支付了多少呢？利息是多少？25%。

如果他不能够在6个月内还清，这笔10万美元的借款让他付出2.5万美元利息的代价。

他不得不起早贪黑地工作。有一天我对他说："如果你愿意拿出10%存起来，6个月到一年，你整个的财务状况将逆转。

他开始照做。6个月内，他商店的规模翻了一番，并且用他自己的钱支付去欧洲购买古董。他的生意翻了一倍，而他太太的生意则从每年25万美元增长到150万美元。

大约两年后我走进了他的商店，四下看了看，我说："你把那10%花掉了对吗？"他说，"噢，你是个巫师。"我说："是啊，事实是，我可以感受到你这儿的能量。你急赤白脸地想卖掉东西，这儿再也不是个有价值感的地方，看起来每样东西都在打折。你改变了你自己商店的能量，你指望用什么来成功呢？"

从那儿以后他越来越走入死胡同，因为他没有重新给自己十一税。他此后还给我打电话了吗？没有。为什么？他知道如果他重新开始预留10%，他还可以重振旗鼓，但他没有这样做。那是他的选择。

携带现金

如果你把现金放在口袋里，带着它到处走而不花掉，这让你感觉很有钱。于是你的生活里就会出现越来越多的钱，因为你在告诉宇宙你是丰盛的。由你——一个有钱人，来决定一个数目，多少由你——500块、1000块、1500块——把这笔钱一直放在你的钱包里。我们指的可不是一张金卡，那不管用。你须得在兜里放进实实在在的现金，这样才能认出你的财富。

你也可以把现金换成金币，或者买入钻石——如果你愿意的话；持有的货币形式最好令你方便携带。如果我是你，我不会把现金换成装满石油的油罐的，因为它们会很沉。

当我们告诉你把10%的钱放在一边时，我们不是说让你去用这笔钱投资或做项目。我们想要你学学Scrooge McDuck。还记得他吗？他是唐老鸭的亿万富翁叔叔。他热爱金钱！他会把他的泳池用一美元的纸币填满，然后纵身跃入池中。你想要很多的钱吗？那么你得愿意去拥有真正的钱，让钱在你的周围晃悠。

需要与贪婪

如果你有一种需要感，它总会导致贪婪感，即你会试图紧抓不放，似乎你永远不可能拥有更多了。而如果你的感觉是拥有口袋里那笔美妙丰腴的钱和钱会增多的可能性，所有的事都可以为你发生，因为你不是从那个观点——你只有有限的钱——去运作，你开始从这个观点

去运作——我的兜里有钱，我的抽屉里有上千美金，我和

钱做游戏，我把它扔到床上，光着身子在上面打滚，因为这感觉太好了。

你可否真正地注视过你的钱？它们看起来什么样儿？在百元大钞上的是谁的头像？我们知道，因为我们带着很多大钞到处走。它们很漂亮。正是这样，它们很漂亮而我们到哪儿都带着它们。我们喜欢所有的钞票，它们惹人怜爱。如果你改变了你的想法，认为钱是可爱的，你喜爱它的样子，也许你会更容易地收到它。

第二章

一些很酷的工具

从汗水(Perspiration)到灵感（Inspiration）

在Access里，我们不去寻求前沿，我们寻求创造沿，因为如果你不断地创造你的生活，那么你就是在扩展你的生命。

在这一章里，我们提供一些提问、技巧和工具，它们会为你带来将汗水转为灵感的机会，从而创造你想要拥有的生活。不过有个条件：如果你想要你的生活得以改变，你必须运用这些工具。

这些是你可以想象的到的最简单、最有活力的工具，但90%的人得到这些工具后却从不运用。你也可能会拒绝。如果你沉溺于关于金钱的无意识，你就不会去做令你改变生活的事。

等你看完了这本书，就说："我把钱花在这本谈钱的书上，却什么也没改变。真是太不值了。"

嗯，如果你不去运用这些工具，的确不值。但如果你决心要令你的生活发生变化，创造一个关于金钱的不同实况——我们邀请你去试试这些工具。

活在提问中

宇宙是无限的空间，它有无限的答案。如果你提出一个不设限的问题，宇宙定会给你答案。但我们通常问的都是限制性的问题，象我如何从A点到B点？当我们如此这番时，头脑就开始工作，试图找到办法：做这个，这个，这个，还有这个。

当你试图想让事情发生时，你在寻求答案而非提出问题。别企图弄明白事情，你将令自己受限。你的头脑是一个危险的东西。它只能定义你已经知道的，它无法成为无限的和不受限制的。每当你有一个答案时，能为你显现的就这么多了。但当你活在提问中，你可以得到无限的可能性。试试下面的提问，并看看会发生什么。

怎样令＿＿＿发生？

当你活在提问中，你创造了一份邀请。当你问：怎样令……发生？宇宙会给你诸多机会让那发生。

你被卡在生活里，想着：要不是这样——要不就是那样；我能这么做——我不能那么做；我可以成为这个——我不能成为那个；这事唯一的出路就是Joe借给我5万块钱；我永远也买不起……；我就是没有钱去……这些全是限制性的观点。去提问——怎样令……发生？从而采用一个不受限的观点。

最近我去储蓄账户中取钱，因为我的钱不够用了。我如是说："可恨！我为什么会钱不够用？我无法理解！怎样令更多的钱出现？我的钱不够用这事很荒唐。需要怎样呢？"

第二天，我从衣柜拿出一个我搁置3个月未用的手提箱，在里面找到1600美元的现金，是我当时因什么原因留在那里的。两天后，戴恩和我飞往弗罗里达，当我们抵达后，我们的朋友Jill递给戴恩一个信封说："这是一直放在刷卡机边上的。"戴恩问："这是什么？"她回答："是你和盖瑞之前教课时收到的一张支票。"支票的价值是2000美元。

同一天我接到一位女士的电话，说我之前为她提供的服务而应收取的1800美元没有从她的信用卡里划走；一天之后，我在抽屉里又找到一张500美元的支票。

这些钱正好就是我从储蓄账户上取走的6000美元。我说，"嗯，我猜我其实不缺钱，我只是没有料理好。"

有趣的是，这事情还在继续发生。今天又有一位女士打给我电话说，"记得我几个月前参加了你的课程吗？他们没有从我的账户划走我该付的课程费。我现在给你寄去支票。"我答："好啊，棒极了！怎样能比这样更好呢？"

你必须向宇宙提问，请求它给你答案。你得去问。你这么说是不怎么样的：我想要更多的钱。那意味着我很缺钱——而这里面没有提问。永远使用提问：怎样能让……发生呢？

这事情有什么可取之处是我未取的？

另外一个很棒的提问是——这事情有什么可取之处是我未取的？生活中是否有很多领域你认为只有非此即彼的选择？你是否认为你只能如此——要么选择硬币的这一面，要么选择硬币的那一面，却不选择你有无限的能力去做任何事？你只是把自己看作宇宙中的一粒微尘，只会问：我有什么错吗？

这么做给你带来了什么？它将你置于有限之中。你无法成为你的的确确就是的那个无限的存有，你抹杀了改变的各种可能性。从我有什么错吗？改而问：有什么可取之处是我未取的？

当戴恩和我刚开始合作时，他和我及前妻一起住。过了一阵，他给自己找到了一个地方，我帮他搬过去。当我们搬进去最后一批他的东西时，房子的主人出现了，而且发了飙，说了诸如此类的话："你不能搬进来，给我出去！我不同意你住，这地方不是给你的。"

戴恩唯唯诺诺地问："我有什么错吗？这事怎么搞成这样了？"

我说，"问错问题了，花花公子。这事有什么可取而我未取之处？"

结果，那个房东喋喋不休，完全疯了。戴恩没有住在那儿，换了一套好太多的2个卧室的公寓，俯瞰公园，地点在城里很不错的区域。他因此省去了租用办公室的钱，因为他可以在家工作了。

无论哪方面，这个结果都比他原来预想的好很多，因为当他碰壁时，他愿意问："这事有什么可取而我未取之处？"

你作为一个存有不会做错任何事——你就是不会的。不过某些情形下你可能没有获取事情的可取之处。你怎样发现那是什么？问，这事有什么可取而我未取之处？无论那是什么，这个提问要求觉知和不受限的可能性，以使我们可以感知和看到。运用这个提问，解锁令你的生活改变的可能性。

怎样能比这样更好呢？

这个提问可以用在每天的生活里。当你在一个糟糕的情形下运用这个提问，你获得如何改变事情的清晰度；当你在好的情形下运用它时，各种有趣的事情都可以显现。

在纽约，一位女士走出Access课程的教室，在电梯里发现一角钱，她说："哦，怎样能比这样更好呢？"然后捡起来放进口袋里。她走上大街，看见地上有一张10块钱的纸币，又说："怎样能比这样更好呢？"然后捡起来放进口袋里。她准备走去地铁站，却招手叫了一辆出租车，径直开到她家楼底下。从车里出来时，她看到排水沟里有东西在闪闪发亮。她过去，捡起来一看是条钻石手链。这一次她说，"噢！不可能再有比这更好的了！"显然这是一个很大的错误。当你这么说时，事情就到此为止了。否则，谁知道呢，她也许已经拥有帝国大厦了呢。

我无法保证你也可以让一角钱变成钻石，但你永远无法预料会发生什么事。只需要去问："怎样能比这样更好呢？"

感知、知晓、成为和接收

你想知道如何让你的工作更好，或者如何改善你的财务状况、或你的生意、或你的关系？生活里有任何一个领域令你感到不满，那里就有你不感知、不知晓、不成为或不接收的。

我们为什么这么说？这是因为你是一个无限的存有，作为一个无限的存有，你拥有无限地去感知、知晓、成为和接收的能力。这意味着，为了创造一个你已选择的有限生活，必定有东西是你不愿意去感知、知晓、成为和接收的。

连续3天，每天30次，说下面的句子：感知、知晓、成为和接收我抗拒、不敢、永不但又必须感知、知晓、成为和接收的，让我可以对……拥有完全的清晰和轻松。或者你可以用简化的版本：我必须感知、知晓、成为和接收什么，能让我……？

你可以在空白处放进任何东西。这个提问开始将你从封锁处解锁。

如果你能够每天说30次，连续3天，到第三天末或第四天，你将开始从有灵感的角度去看待事情。突然你会问：为什么我以前就没想到这个呢？你没有想到这个是因为你拒绝、或不敢、或认为你永远不能感知或接收什么东西、或者认为为了达到某个目标，你必须只感知或接收某些东西。

这个简单的提问可以帮助你解除你的制约。感知、知晓、成为和接收我抗拒、不敢、永不但又必须感知、知晓、成为和接收的，让我可以对……拥有完全的清晰和轻松。1天30次将开始改变生活里那些你觉得不如意的领域。

你就剩下十秒钟可活了

你的余生就剩下十秒钟了，世界上到处都是狮子、老虎、熊和毒蛇，它们马上就要吃掉你。你只剩下十秒钟了，你会做什么选择？

如果你将十秒递增法运用在生活里每一件事情上，你会发现你不可能做出错误的决定。如果你愤怒十秒钟然后停止，你就不会做出错误的选择；如果你爱十秒钟，你可以在这个时间里爱任何一个人，无论那是谁；你可以恨一个人十秒钟；你可以和你的伴侣离婚十秒钟；然后你可以在下一个十秒钟再爱他/她。

如果你活在十秒递增法里，你会在当下创造存在的本质。大多数人，不愿意活在当下时刻，而是不断地为将来设定计划、系统以使未来能按他们的愿望显现。但是，只有一个地方是我们可以生活的，就是这儿，现在。其他的任何东西都谋杀你，你无法生活，你错过了你自己的生活。

人们问："你如何用十秒递增法做生意？"在十秒钟内，你可以决定是否和那个人谈，可以知道他/她是否愿意跟你谈生意。你可以知道的。十秒递增法迫使你停止思考，进入觉知。

在十秒钟内，你可以开始拆除让你理解事物、提前计划的制约。

你可以学会如何选择、如何临在。在十秒钟内你无法评判因为它转瞬即逝。在生活中我们通过对自己的评判来延长我们的痛苦，然后试图去固化我的们评判。而如果你仅仅说，好吧，如果我只有十秒钟做这个事，我现在愿意做怎样的选择？

当你做了让你觉得糟糕的事，你会惩罚自己多久？你会把自己困在里面多久？几天？几周？几月？几年？如果你活在十秒递增法里，你就不能够这么做了。当然，你也什么都记不住了。但那是个好消息。

如果你练习在十秒递增法里选择生活的艺术，你会开始创造接收金钱的选择和机会。我们多数人基于义务来做事。我们说，唉，我得去做这个，我得去做这个，我得去做这个。但这些事是我们真的喜欢做的事吗？通常都不，但我们还是继续选择做这些事，为什么？因为我们认为我们不得不这么做。我们认为我们责无旁贷地得去做这些，不然的话，没人会付薪水给我们。我们买入了这个观点，认为所有别的人都比我们自己重要。如果你只有十秒钟来为余生做选择，你会选择什么呢？

你会选择贫困吗？这只是一个选择，既不蠢也不疯。当你活在十秒递增法中，你就得继续选择。你不必卡在贫困中。

你有十秒钟，你会选择什么？财富？好吧，那十秒钟过去了。你有十秒钟度过你的余生，你会选择什么？大笑？喜悦？意识？

摧毁和永不再创造你的生活

开始全新的一天是你想做的事，你想要创造你每一天的生活。这意味着每天早晨，你都需要摧毁和永不再创造你昨天的一切。如果你有生意，每天早晨你摧毁和永不再创造它。如果你每一天都摧毁和永不再创造你的财务状况，你会开始创造更多的钱，你会在今天创造。那是十秒递增法生活的一部分。当你活在当下时，你不是试图证明你过去的决定是正确的，你总是一个当下接一个当下地创造你的生活。

我们趋向于这么想，哎哟，我已经创造出这么美丽的一堆狗屎，我才不肯摧毁它呢。我就不理睬它，绕着它走，然后再去创造点别的什么。实际情况是，那堆狗屎依然稳坐那里，你不理睬它的每一天，它都越来越臭，直到最后，它臭气熏天，让你必须面对它。

摧毁和永不再创造你的关系

如果你有一个关系，而你每一天都摧毁和永不再创造它，每一天你都将创造全新的关系。它让你把每一件事都放在创造的画板上。一对夫妇来上我们的课程，他们已经结婚26年了。在结婚27周年纪念日，他们决定不举办庆祝会，而是全部摧毁和永不再创造他们的关系。从那以后，他们说性生活越来越好，也越来越多了。

他们17岁的女儿说："你们俩能不能别象青春期的小孩儿那么露骨？真让人腻味。你们什么时候都在想那个。"这是两个结婚27年的人，但真的就这样发生了。当你摧毁和永不再创造每一样你已经创造的，得到的就是创造全新生活的机会。

当我摧毁和永不再创造我和孩子们的关系时，有趣而出人意料的事发生了。我的小儿子总爱迟到，每一件事他都必定会迟到半小时到一小时。在我摧毁和永不再创造和他的关系三天后，他打电话给我："老爸，我们能一起吃早餐吗？"我说："当然，儿子，你想什么时间？"他说："大概20分钟。"我说："好的。"我当时和戴恩在一起，我告诉他："我们至少还有40分钟。"于是我们就闲逛了大约45分钟。

当我们到达吃早餐的地方时，我儿子站在角落里，用脚轻敲着地板，正是我在等他时的样子。他说，"你去哪儿了？我在这儿等你20分钟了！"我想，"天啊，豆荚外星人半夜把他抓到了。这不是我的儿子，他从来不准时的！"

从那以后，他一直都很准时。这真是匪夷所思，自从我摧毁和永不再创造和他的关系后，他不再迟到了。

摧毁和永不再创造不是要你真的去摧毁什么东西，不是要你真的去结束你的关系。你摧毁和永不再创造的是一切你决定的，从而令你有更大的清晰度看到还有什么可能性。你摧毁和永不再创造的是你的决定、评判、义务、混乱、计谋，你的投射和期待，以及所有你决定要在将来发生的事情。

你如何做？

你怎么做呢？你说，我现在摧毁和永不再创造我昨天的一切。你可以摧毁和永不再创造任何事情。你可以说，昨天我关系（生意、财务）里的一切，我现在将它们全部摧毁并永不再创造。

还有什么可能性呢？

记得你是孩子时的样子吗？每天起来你是从琢磨不得不做什么开始一天的吗？还是你就是想欢乐地玩儿上一天？如果你每天都摧毁并永不再创造你的生活，早晨起床时提问：好吧，今天我可以创造什么样的可能性呢？或者，喂，还有什么可能性呢？如果你这样做，你可以创造一个全然不同的实相。你将以青春飞扬的热情去创造，因为，你不再是昨天的那个你了。

今天我是谁？我将有怎样的伟大而荣耀的冒险历程？

在你摧毁并永不再创造你的生活之后，还有一个你可以运用的提问，今天我是谁？我将有怎样的伟大而荣耀的冒险历程？如果你摧毁和永不创造昨天，那么你今天就开始以一个冒险的历程而非循规蹈矩的义务来创造你的生活。

真相和谎言

真相总是令你感到轻松，谎言总是让你感到沉重。

令你感到沉重的事，对你而言就是谎言，无论它对其它人如何。别把你的力量交给任何人，认为他们比你知道的多。你才是源头。

每当你的注意力被某个东西卡住时，你的真相里就附着了一个谎言。问：这个事情中哪一部分是真相，哪一部份是谎言，无论是说出的还是未说出的部分？

哪一部分是真相呢？

粘住我们注意力的大部分谎言是隐藏的，你一直在想着它而不说出它。如果一个念头反复地回来，问：哪一部分是真的？而答案会令你感到轻松。

依附其上的是什么谎言，无论是说出还是未说出的？

接着问：依附其上的是什么谎言，无论是说出还是未说出的？当你认出那个谎言时，整个事情就释放了。它成为真相，而你从中自由了。

我曾有一个朋友，具有神奇的疗愈能力，他只需给你做个按摩就可以带来奇迹，他可以治愈你的身体。他参加了Access基础和一阶课程，然后说他没钱上二、三阶的课程了。我说："我把课程赠送给你，因为你是我的好朋友，而我真的想让你能够上这个课程。"他说："太棒了。"我给他打了好几次电话，但他没有回复我。

两周后，我对这个情况感到奇怪，去了他妻子的办公室，而他就在那儿。

我说，"我们去散散步？"

他说。"好吧。"

我说，"你为什么不来上课呢？"

他说，"我仔细地思考了一下，认识到我内心的召唤是去卖维生素。"

卖维生素？这是他的召唤？我想，这令我感到不轻松；这事的真相是什么？我没有质疑他，但我奇怪：你接受了价值1400美元课程的馈赠却拒绝了，发生了什么事？我离开后感到困惑，一直在琢磨这件事。

真相是……

几天后，我说：等等，真相是他不参加课程。

说出的谎言

我认出被说出来的谎言，是他要卖维他命。

未被说出的谎言

然后我知道了那未被说出的谎言，不去参加课程是他的选择，事实上，是他太太不想让他去。我知道他太太是家中的实力人物，而她不想让他拥有任何东西，因为那意味着他可能离开她。他比她年轻，相貌英俊，她不认为他是因为爱她才和她在一起，而是因为她是家中主要的经济来源。于是她决定最好还是让他没有力量比较安全。

一旦认出这个，我知道发生了什么，从此再也不去想它了。

对反复出现的念头运用这个提问。问自己：哪一部分是真相？答案会令你感到更轻松。然后再问：哪些是附着其上的谎言，无论是说出还是未说出的？通常，挂碍你的是未被说出的谎言，认出它，你就自由了。

有趣的观点

当你来到一个没有评判的境地，你认识到你是一切，而你不评判一切，包括你自己。在你的宇宙里，你就是没有评判，有的是对一切的全然允许。

当你处于允许之中时，你即河流中的岩石。想法、念头、信念、态度、情绪纷沓而至，然后绕你而走，你仍是河流中的岩石。一切都是一个有趣的观点。

接受是不同于允许的。当你接受了，那些想法、念头、信念、态度、情绪流向你，而你在河流中，你就被冲走了。在接受中，你要不同意或加盟，那是两极化的正极；要不就抗拒或反应，那时两极化的负极。无论是哪一种，你都成为河流的一部分而被带走了。

如果你只是如我所说的允许，你可以说，唔，那是一个有趣的观点，我想知道那里面有没有真相。你进入一个提问，而非反应。当你对观点抗拒、反应，或加盟、同意，你创造了制约。没有制约的途径是，有趣的观点。

在生活中这是怎样的表现？你和朋友走在街上，他对你说："我破产了。"你怎么做？"哦，太可怜了！"这是加盟和同意。"你活该！"这是抗拒和反应，你知道他就要向你借钱了。有趣的观点是，"真的吗？"

有谁惹恼了你吗？问题不在他或她，在你。只要你有恼怒，你就有问题。把你自己关在浴室里，说或者想，有趣的观点，我有这个有趣的观点；不论你有什么观点你都这样处理，直到你克服了它，允许了它。然后你就自由了。

这无关乎别人是怎么回应你的，这是关于你能否允许他们就这么错乱，你必须允许其他人就呆在自己的地盘上，以使他们可以改变。

你不必去迎合和同意、去爱他们，也不必去反对和抗拒、去恨他们；这些都不是真实的。你只是允许、尊重他们的观点，但不买入。允许他人不是让你甘当别人的抹布，你所要做的就是如实如是。

最难的是你允许你自己，我们趋于评判、评判、评判我们

44

自己。我们将自己封锁在对做好父母、好伴侣、好什么的努力中，于是我们总是在评判自己。但是我们是可以允许自己的观点的，我们可以说，我有这个观点，有趣。我做了那个事，有趣。

当你允许时一切都成为有趣的观点。你不接受它，不抗拒它。它就是它。生活变得越来越轻松。

生命里的一切来的轻松、喜悦和充满荣耀

Access的魔朮语是：生命里的一切来的轻松、喜悦和充满荣耀。这不是一句励志的话，因为它关乎的不是只拥有正面，它包含了好的，坏的和丑陋的，而我们以轻松、喜悦和荣耀来面对这一切，没有痛苦、受罪和残酷，尽管这是当今世界大部分人的生存方式。你其实可以欢喜地生活。假如生活的目的就是欢乐呢？生命里的一切来的轻松、喜悦和充满荣耀。

每天早晚各说十次，它会改变你的生活。把它贴在浴室镜上，告诉你的伴侣你这么做的原因是要记住它。那也会改变他/她的生活，因为他/她不得不总是看见它。

你猜怎么着？我们结婚了！

一位女士给我打电话说："我想我的男友娶我。我怎样让这

发生？"

我说："甜心，我是一个巫师，但不是一个术士。我能给你的唯一建议是你把生命里的一切来的轻松、喜悦和充满荣耀这句话贴在他每天剃须的镜子前，谁知道会发生什么事情呢？"

三周后，她打给我电话，说："你猜怎么着？我们结婚了！"

奶奶，那是什么？

一位老奶奶在新西兰上了Access的课，之后她告诉我们，她的孙子看到她的冰箱上贴的生命里的一切来的轻松、喜悦和充满荣耀，问："奶奶，那是什么？我能用它吗？"她回答："嗯，这是从Access来的，你可以用它，只是告诉别人这是怎么来的就行。

她的孙子是一家冰箱公司的经理，他让销售员每天早上说十遍这句话，八周后他们的销售业绩从每月2万美元上升到6万美元。他们没有做其他任何变动。

孙子告诉销售业绩最差的销售员如何运用怎样能比现在更好呢？那个人每次开出新的销售收据，就说这句话，他的销售业绩从每月7000美元到2万美元。

这些人从没听说Access，也不知道这些工具从何而来，但他们运用它们——并且体验到了金钱流进它们的生活里的巨大改变。你也可以。

第三章

看到你想要做什么样的工作

你喜欢你的工作吗？

大多数人在获取一份工作时，认定他们必须接受雇主给出的条件。他们认为即使雇主待他们很薄，他们也得受着。那是通行的惯例。如果他们不喜欢，他们可以离开。大多数人选择滞留在这个工作，即使他们不喜欢，因为他们觉得找到这份工作已经算走运了，所以最好紧抓不放，不然他们可能再也找不到其他工作了。你有没有受这种思维方式的束缚？既然我找到了这工作，我最好紧抓不放，不然可能找不到别的工作了。活在无限可能性中，其实有太多机会了。

看清你想做的工作

与其找一份自己不喜欢的工作，忍受令自己不快乐的一堆条件，不如去看清楚自己想做的是什么样的工作。

　　我们说"看清楚"，不仅仅是从外表看。工作的各个组成部分所产生的振动能够带来成果。你的工作给你的感觉如何？它涉及那些事情？它如何呈现？

　　不要只是去思考，而是感知它。如果你对它没感觉，那就不要去。如果只是有一点，但不是很完整的感觉，也不要去。一旦你只是为了生存去获取一个工作，那么你只能得到这么多了。不要屈从于我必须要付账单。

　　我在做Access之前，我说："好吧，我喜欢一份这样的工作：每个月至少旅行2周，每年至少10万美元的收入，和真正有趣的人打交道，永远不觉得乏味；我想要不断变化、扩展、越来越有趣的工作，除此之外，能够帮到人们更加有意识、更加觉知到自己愿意创造怎样的生活。"

　　这些是我想要的。我观想吹出一个包含了所有这些元素的泡泡，放到我的面前，我拉动全宇宙的能量穿过它，直到我感觉它变强了，然后我让股股细流的能量从其中流向所有那些可能在寻找我、但还没认知到的人们。生活中我每每遇到和那些元素有关、或令我有感觉的事情，不管它们看起来是否靠谱，我都会做。我做了很多各不相同的事，但每一件事都令我离现在所做的更近了。任何让我感觉是我想做的事，我都愿意做——然后它将我导向下面一件事。正是如此，我最后做成了

Access。出现的第一件事不一定是最后的一步，但那是你如何选择的过程，是你的各个踏脚石。

一天，我去到一个地方，被要求做一个通灵按摩。我问："那是什么？我需要一直睁开

眼睛吗？需要脱掉衣服吗？我需要接触你的身体吗？"那个人说，"我只是要你为我的按摩治疗师做一次通灵指导。"我说，"好吧。"

我做了这件事，从此开始使用后来成为Access的工具。从那以后，Access通过口口相传发展起来。99%的人是通过朋友的介绍找到Access的，他们被深深吸引，并跟随它。为什么会有如此的发展？因为我对它敞开，愿意接受它的一切，也因为我愿意从我的舒适区走出来，成为不同的人。

一个可以持续赚取更多钱的工作看起来是什么样的？

一个可以持续赚取更多钱的工作看起来、感觉起来、品味起来是什么样的？假如它不是关于生存的，而你甚至不在意你是否赚到钱呢？如果在过程中金钱不是压倒一切的因素呢？如果压倒一切的是你真正想在生命里实现的能力呢？你和人们连接的方式，你帮助人们达成他们的愿望和目标的方式。

你真正想要在生命中达成的是什么？这是你可以观想的。这样做事情会是什么样？这是你问自己的问题。不要问，我如何创造这个？如何创造想要理解的需求，这个需求会制造限制。

请求宇宙的帮助

请求宇宙帮助你。说，好吧，我想要一个有这个、这个还有这个的工作。开始把能量从宇宙拉进这个意象里，直到感觉它变大了，然后再让能量小股纷纷地流向那些在寻找你但还不知道你的人们。每一次有什么事情让你感觉那个意象出现，去做。

所有的事情都是可能的。你是一个无限的存在，有着无限的可能性。选择你想要在生命里出现的。

我如何运用我的能力和天赋来创造财富

许多年前我做家居装饰的生意，我发现了自己一个独特的才能。我可以看着客户的地毯或窗帘等的颜色，准确地知道需要搭配的颜色并在脑海中保持清晰的画面。6个月后我看到一些布艺，正是客户家地毯的颜色。于是我致电告诉他们，我找到了他们需要的布艺。他们说："太好了，你可以帮我们买吗？我们的椅子需要多少码？"

我告诉了他们，然后买了布艺。我向他们收费了吗？没有。为什么呢？我没有认识到这个才能有何特别。我以为每个人都可以做到这一点，所以这个能力不值钱。我们通常都这么对待我们的能力和天赋，它们来的太容易了，我们不把它们当回事，看不到它们对于其他人的价值。

什么事是你不费吹灰之力就能做到的？什么对你来说太容易以至于你觉得人人如此？实际上，别人都做不到。你必须开始问自己，好吧，什么是我的天赋和能力，我做的太容易而觉得没有价值？就是那个东西——你做的手到擒来，所以觉得没有价值——可能是你拥有的最有价值的才能。如果你开始运用它去创造金钱，你会成功得令人眩目。

更早时候当我做房地产生意时，认识一个女士，为一家大型房地产公司工作。她喜爱烹调，为朋友们做的菜肴，让人赞不绝口，尤其是甜品，超级美味。每次她举办公开展示会时，她会为来者奉上她的一款甜品，会让城中所有的房产经纪人蜂拥而至。

一天某人对她说："你是个太棒的大厨了。你应该开一家烘焙店呐！"她这么做了——现在已是百万富翁了。直到有人指出她的独特才能，她一直不以为然。

她只是喜欢烹饪。但因为最后有人跟她说："你做的太棒了，你应当开一家烘焙店。"她才醒悟。她离开了房地产，那时她每年的收入是10万美元，现在她收入数百万美元。她在做她喜爱的事。

做你喜欢做的事

你想做的是你喜爱做的事，而非令你充满激昂的事。你知道"热忱"（passion）一词是从哪里来的吗？它来自希腊语受苦（suffering）和牺牲(martyrdom)，它被用于形容耶稣的受苦和受难。这是热忱（The Passion）的含义。如果你希望被钉在十字架上，跟随你的热忱。去看看你使用的词语的原意，因为我们有很多错误的认同和应用，就是说我们买入了词语含义中的谎言。了解一个事物的真正含义是很重要的。长期以来人们告诉你，跟随你的热忱。这对你行的通吗？不。这其中一定有什么原因，这个原因跟这个词的定义有关系。

如果你被告知如此这番会有什么成果，但却不是这样，去查一下老字典这些词语的含义。你可能发现这些词的词根的含义恰恰和诉说者要传递的相反。如果能量和词语不一致，那么就是错误的认同和错误的应用，而词语被错误定义了。

如果你想挣钱，做你喜爱做的事。如果你做喜爱的事，你就可以从中赚钱，就是说——如果你愿意为喜爱接收金钱的话。

但是让我们扔掉对妓女的评判。摧毁并永不创造对妓女的所有评判，因为，真的，如果我们做自己不喜爱的事，那么我们其实就是为钱卖淫。

选择成为更大

我们为一位做小生意的女士运作，她想把生意做大；她决心不再做小生意了。她去雇佣了城中最昂贵的公关公司来推广她的公司，几乎是一夜之间，她开始和大公司接上了头。她被电台请为嘉宾，一家很大的高管杂志刊登了有关她的文章。

我问她是什么变了，她说，"我做了一个选择。"

我问："哦，是什么样的选择？"

她说："我选择成为一个更大的我。"

这是你必须做的。你必须选择成为一个比你一直愿意成为的更大的你。

当我刚开始推广和发展Access时，我决定我必须更加凶猛，我必须站起来成为一个比我曾经愿意成为的更大的人；我必须愿意站出来、站起来，成为一个令人争议的人物。我必须愿意说出在某种程度上撼动这个世界的话语。

一旦我做了这个决定，我的事业开始增长了，因为我愿意成为更多。是这个愿意成为更多的选择令你的生意增长。不是说你非得走出去并请一个公关公司，有很多其他的途径做事。

重要的是做那个决定，然后如何做就会开始在你的生命里显现。当你不愿意为成为更大做承诺时，你就卡在曾经的老地方，并且一直会在那里。

我谈的愿意成为更多是指每一个方面的更多，你必须停止拒绝你本来如是的一切。你把自己定义的很严实，对吗？我是这个——我是这个——我是这个。要成为更多意味着你必须藐视、战胜和摧毁所有关于你的老定义。

就在今天，我将成为一个比昨天的我更大的人

每天早晨醒来，这样开始你的一天——摧毁和永不创造每一个关于你的定义，然后说，"就在今天，我将成为一个比昨天的我更大的人。

如果你将得到成功，你需要成为谁？

你认为为了获取成功，你需要成为别的什么人吗？一个演员必须成为另外一个人——但你需要吗？想一想你过去创造的各种身份，似乎它们能确保你的成功。它们帮到你了吗？还是让成功变得更困难？你是否已经不知道对自己到底是谁了？

如果你想要成功，你需要成为谁？答案是你需要成为你自己。成为你。为了成功，你必须从迷失中走出来，收回、拥有

做你自己的能力。你必须摧毁一切令你无法感知、知晓、成为和接收你本有的——关于谁、什么、在哪里、什么时候、为什么和怎么样。

如果你将得到成功，你需要成为谁？

你认为为了获取成功，你需要成为别的什么人吗？一个演员必须成为另外一个人——但你需要吗？想一想你过去创造的各种身份，似乎它们能确保你的成功。它们帮到你了吗？还是让成功变得更困难？你是否已经不知道对自己到底是谁了？

如果你想要成功，你需要成为谁？答案是你需要成为你自己。成为你。为了成功，你必须从迷失中走出来，收回、拥有你做你自己的能力。你必须摧毁一切令你无法感知、知晓、成为和接收你本有的——关于谁、什么、在哪里、什么时候、为什么和怎么样。

我还必须成为什么？

然后我还必须再向前跨一步。我问，我还必须成为什么？我意识到我必须成为一个有争议的人。当你是个争议人物，人们会谈论你，对吗？于是，好消息是我愿意尽可能成为一个争议人物。有一次我在旧金山的一个广播节目中谈论我将教授的性和关系的课程，我说："下面我要谈谈肛交和虐待。"主持人呐呐地："嗯，那个，劳驾，道格拉斯先生……"那很好玩儿。

如果你不愿意把自己放到外面，你可以接收到更多吗？

因为我愿意谈论任何事情，因为我愿意极端地粗鲁，因为我愿意把自己放到外面——以自己以前不愿意的方式，各种各样的人出现了，愿意和我合作。如果你不愿意把自己放到外面，你可以接收更多吗？不，你不能。如果你想让你的生活更好，你必须愿意成为一个争议人物，你必须兴风作浪；你必须愿意摧毁每一样你认为保守的东西，并从你眼下现实的控制体系里出来。如果你愿意这样做，你的生活将会怎样？

答案是你将不断扩展，而不是收缩。你是寻找你不应该做的那些事，还是你可以、能够做的事？

如果你自由于控制，你无需理会任何人的观点。你不会去获取、拥有和知晓不适用你的规条。如果你停止以别人的规条来生活，那么你就不再以别人的观点为生命的基石了。

如何你脱离控制，会发生什么？

如果你脱离控制去创造你的令人惊叹的富裕生活，你会怎样？你会很狂放；你会有太多的乐趣。脱离了定义、形式、架构、意义，生命成为一个欢乐的体验，是一场庆祝，而非促狭。你是否愿意从今天开始，收回和拥有庆祝每一天的生命之欢乐的能力？你是否愿意收回和拥有脱离控制的能力？

第四章

对付难缠的人

邪恶的小操蛋和响尾蛇

ELF是指那些以贬低你为乐的人。ELF代表什么？邪恶的小操蛋。邪恶的小操蛋会说："噢，裙子不错，你每次穿它时我都很喜欢哦！"或者，"裙子太漂亮了，它在你身上真不赖，就算你增加了些体重。"

我们趋于把人看成完全的好人或完全的坏人。我们想去看他们的好，不想看他们的坏，认为去看别人的坏是不善的。是这样的吗？还是不去看坏的方面其实很愚蠢且疯狂呢？愚蠢而疯狂；那也是没有觉知的。我们必须愿意去看人们好的一面和坏的一面。

你有被人利用过吗？你的钱被人算计？你得认出世上是有

邪恶的小操蛋和响尾蛇的，它们中的一些是以人的面目出现的。

当一条响尾蛇以人身出现时，你不会想要将他带回家过夜。他会把你的屁股咬烂，还在你的世界里施毒。

随时在你的生活中认出邪恶的小操蛋和响尾蛇。如果你无法认出他们的真面目，他们不会改变。他们不会有一点变化。我们知道没有人是十恶不赦的，但响尾蛇愿意被称为花纹蛇吗？不，那会惹毛他们，令他们更凶狠地咬你。如果你认出他们，对自己说：你真是一条令人吃惊的响尾蛇，你的背上有很棒的钻石状花纹，你就在那儿出声吧，我永远都在离你8英尺以外的地方。这样你就不会被咬到了。

如果你看见某人的恶并认出来，这是评判吗？还是观察？如果你觉察到有人想要对你做坏事，那么他们就做不了了。只有当你不愿去看有人的不善、不好、不扩展的所作所为时，你才会倒霉。开始去看人们所在之处。别买入那种人非大善即大恶的观念。

有些来上我们课的人就像是蛇。我会说，哦，上帝，别让这个人来上课吧。但是他们还反复来上课。他们总是一个很大的功课，因为我知道，他们最终会做出卑鄙和下流的事来。但因为我知道了，做好了准备，我就能应对他们。我不会犯错误认为他们既然来上课，就是为了变得有觉知的。我知道他们的选择就是反意识的。当他们在反意识中，根本无法觉知自己的所作所为，每一次他们都会选择玷辱他人。

谁是你生活里的邪恶小混蛋和响尾蛇？

谁是你生活里的邪恶小混蛋和响尾蛇？你是否愿意停止挣扎想去看他们好的一面？停止评判自己做的不够好，没能使他们不对你做卑鄙下流的事？

如果你能够认出你周围的邪恶小混蛋和响尾蛇，不是出于评判的观点，而是出于觉知，你将创造远离他们的自由——或者你会知道如何搞定他们。

我们有个朋友是一位针灸师，她的一个客户是个十足的邪恶小混蛋。她问我如何对付她，我说："你还是照常给她治病，但是觉知到她是个邪恶的小混蛋。"

几周过后，我的这个朋友打来电话说："我真不敢相信，我以为她是世界上最不可能改变的人，但她今天过来对我说'我一辈子都是一个可怕的人——我对每一个人都这么卑鄙下流。我决定要个孩子但我不敢想象一个孩子会想要我这样的妈妈。我正在改变！'"

你需要做的就是觉知某些人是怎样的人。你无需改变他们。

做事粗制滥造的人

你认识那些不履行自己职责或者做事粗制滥造的人，令你不得不另雇人手来完成他们留下的工作？你是否一直奇怪这些人是怎么混下去的？答案是，如果你不愿意接收一个人想做的一切——既包括美与好，也包括坏与丑，那么你就有麻烦了。

有段时间我请了一个管家。我之前认识她，算是朋友。一天我工作非常辛苦之后回到家，怀里还抱着孩子，已经筋疲力尽。房子里很脏。

我说："我以为你今天打扫了卫生。"

她说："我做了。你要付我80美元"。

我说："为什么？我看到的是厨房柜台是干净的，水龙头是发亮的，可是其它的地方乱糟糟一团。地毯需要吸尘，厨房地板也需要擦洗。"

她说："嗯，可是你得付我钱。"

我说："我怎么能付你钱呢？你什么都没有做。你怎么认为自己该得80美元呢？"

她说："因为我就该得。"

我说："我以为你是我的朋友。你现在什么没做，却要榨我80美元，还觉得你该得。这是什么友谊啊？"

她说："这只是交易，别跟私人的事扯上关系。"

你曾经有此类遭遇吗？这只是交易。你会喜欢这个吗，这只是交易？这意味着他们想怎么对待你就怎么对待你，不管是否道德，你必须接受，如果你觉得恼火就是不对的。这就是交易，不是私人关系。不，这就是私人关系！当有人想讹诈你时，那就是私人的事了。

你曾否被这样利用？你是否愿意站起来，做更有力量的你，告诉他们："不，我不接受这样"？

你是否应该只看到别人好的一面？

你关闭了自己多少部分，不去感知、知晓、成为和接收某个人真实的状态？你关闭了很多还是一点儿？是很多。许多人不愿意相信这个。他们被教导只应看到别人好的地方。但如果你不能如实看到真实情况，你如何能采取适当的行动呢？

你能够恰当地行动，因为你有觉知。你知道，现在很冷，我得穿上外套。当你全然

觉知时，你接收一起的信息。如果你去到大自然里，期待它照顾好你，你就不愿意看到天气变冷了。你不愿意看到马上要下雨了。你会湿透吗？你会感冒吗？是的。在我们的生命里，当我们不去感知要发生什么时，我们对各种可能性是毫无准备的。

就是说要变得觉知

就是说要变得觉知。如你在自然中所做的，允许自己接收，意味着你不切断感知；你不会不顾各种证据而非说，嗯，这是个好人，我可以和他共事。如果你认定某人是诚实的，那么当他们对你说谎时，你会注意到吗？或者你说，不，她不可能对我说谎。等到她对你撒了10次谎时，你才终于说：你知道吗？她不诚实！接着，不管她再说什么，不管她有没有说谎，你都再也不信了。你仍然没有觉知。

你对从他人那里接收的东西设定了标准，如果你撤销这些标准，并允许自己从别人那里接收一切，你就不必预先得出任何评判。你可以说，嗯，在我面前的这个人是谁？正在发生什么事情？他们在做什么？

如果他们对你说谎，你可以说，好吧，这是一个谎言，有趣。我在想他们是不是还有其他谎言要说呢？你会开始注意到他们在说什么谎；然后你认识到，如果我做这个，他们就会撒谎，直到他们骗走了我所有的钱；但在那方面，他们是诚实的。好吧，我只在这些方面和他们打交道；那些方面我还是敬而远之吧。

你愿意接收所有的信息吗？

如果你走进一家卖DVD的商店，索要某个型号，销售员告诉你，"噢，那是个过时的型号，我们已经卖完了。"他说的是真话吗？如果你愿意象你在大自然里所做的，接收一切信息，你会知道他没有跟你讲真话。

真实的情况是你要的型号他们店里没有，销售员想卖给你他们有货的型号，而不想让你不花一分钱地走出商店。他甚至不会说："我可以为你找到你要的那种型号。"他就是想要你买他们的存货。如果你愿意接收所有的信息，你会知道真实的情况是怎样的，而你会说，看来这个不是我想要花钱的地方，他们不会满足我的需求。他们不打算为我服务，只是对赚我的钱有兴趣而已。

当你要去购物时你在找什么？你在找一个销售员来照顾你吗？当你走进商店，有人很友善地对你说："你好，很高兴见到你。哎呀，你好吗？"她会照顾你吗？她会很真实吗？不会。而如果你走进商店，有人说："你好，能为你做什么吗？"如果他们这样问你，他们可能是对你有兴趣。

谁给你上帝的称号

当有人在做不道德、恶意、邪恶、不善、分裂和堕落的事情，而你认不出来，结果就是你把他们的责任揽到了自己身上。你会想，如果我做的不同的话，他就不会做出这样的事情了，我一定做错了什么。我错在哪儿了呢？

你不愿意看清，你是不会做恶意、不良的事的。你可能会被诱惑的，但你不会选择去那样做。而你却承担过错。你为什么要承担过错？为什么你为他人选择恶意行径负责？你为整个世界承担责任吗？谁给你上帝的称号吗？

我曾经也理所当然地有过这个观点。如果我是上帝，这个地方会变好的。如果你有这个观点，你总是去设想如果你做点什么不同的，那个人就会做出不同的选择。不，有的人偏偏喜欢做那类事情。是否能够请你声明、拥有和知晓这个事实——有些人就是喜欢做卑鄙之人？

如果你评判你自己，你还有觉知吗？

当你为他人做什么或不做什么责备自己时，你在评判谁？你自己。如果你评判自己，那么你还在觉知吗？你能看到他人选择卑鄙行径就是因为他们喜欢这样做吗？不，你认定你没有更努力地去尝试，如果你能做的更好，他们就不会那么不厚道了。

当有人偷了你的钱，是你让他们偷的吗？是因为你没有全力以赴吗？还是因为你没有好好地防范他们？还是因为他们就是喜欢偷窃？偷窃成性的人就是喜欢偷东西。如何你清楚地看到，你对他人的选择没有责任，那么你就能够在他们做出那些事情之前看到他们的意图。

你只需说，好吧，他们选择这么做。有趣的观点。当他们做了以后，你说，你知道吗？够了，我再也不想和你玩儿这个游戏了，要么你现在离开，要么我离开。

不要尝试让事情行的通。不要尝试去维系一段友谊或生意关系，认为如果你能把事情搞懂、或者做的更好，或者改变你自己，他们就会变好并突然明白你的心意。这种事不会发生。

当你在一个交易中被愚弄了之后你怎么做？

当你在一个交易或关系中被愚弄了之后你怎么做？是追着别人屁股后面讨回公道更容易，还是创造全新的东西更容易？与其紧抓过去发生或没发生的事不放，不如把注意力放在如何创造一个令你拥有更多的未来。

曾经有人断章取义地剽窃Access的一些部分，以他们从我这里学到的东西为基础创造了他们自己的课程。那是他们的吗？一丁点都不是。他们所用的全是从我这里剽窃的东西。他们重新输入一些东西，取一些略有不同的名字，把我的教材当作他们自己的教材来用。我可以起诉他们，因为这些教材都是受注册保护的，但我宁愿花一个小时帮助那些愿意变得更觉知的，而不是为了停止那些永远不愿觉知的人而战斗。另外，我知道他们从我这里偷走了教材，但他们却搞不定。

那些不道德的人最终会幡然醒悟吗？

那些不道德的人最终会幡然醒悟吗？不会。他们不相信业力。他们不会自己醒悟。只要可能，他们会继续挖每个人的墙角。等他们死去之后，他们会再决定回来干同样的事，因为他们喜欢这么干。你可否声明、拥有和知晓这个事实，有些人就是喜欢做卑鄙下流的事？那么他们擅长的事之一，是他们的强项。当人们对某些事感觉很在行时，他们就一直这么做下去。

如果你愿意看见某些人是邪恶的小混蛋或响尾蛇，你就不会被算计利用。那些人无法对你这样做。但因为你的善良、有爱心、善于关怀他人和你本来如是的那些品质，你经常不去看他人真实的状况，相反，你评判自己错了。但事实是，你没有不道德，你没有心怀恶意，你不是卑劣之人。不幸的是，那意味着你是亲切随和的，有趣可爱的，容易被人算计利用的，每个人都把你视为好骗的人。但只有当你不愿意认出卑劣邪恶之人时，你才是容易被骗的。

如果你能够感知到他人将要做什么，他们还能算计你吗？

只要你是觉知的，你无法被利用，应为你能够说：不，我不会这么做。你有选择。只要你是觉知的，你不会期待别人会做什么不同于他们正在做的。

当我们期待别人如同我们一样行事时，那就是把我们置于受骗的境地。人们还是会按自己的意愿行事，你得愿意去看到实相。如果你不愿意接收这部分信息，你就会被算计。

你必须毫无评判地接收所有讯息。去看正在发生什么。不是要你"哇，我得小心了。"而是，"哇，我得保持觉知。"如果你是觉知的，没有人可以利用你；但如果你是小心的，谁都可以利用你。

当戴恩想买一辆宝马车时，我们去到一个正在促销的车场。早上我们打电话询问时，他们告知还有货。但我们到了那里时，销售员却说："哦，我们已经卖完了，存货不多。我们有这些宝时捷，好多人来买宝马，我就卖给他们宝时捷，得有十来个人吧，我让他们开着宝时捷走的。"

"我就是这么对他们的。"他说。

我们看出来了。"拜拜，谢谢。"

我们转身就离开了。

你如何对待邪恶的小混蛋和响尾蛇？

你如何对待象邪恶的小混蛋和响尾蛇那样难缠的人？你不要对他们有什么执着的兴趣，对结果也不要有什么执着。

当你要求得到生活里的东西时，不论你要求的是什么，都不要对结果执着。你明白我们这么说是什么意思吗？如果我想得到一百万元，而我认为这一百万元是从你那儿得到的，我就是对结果执着。你会给我一百万元吗？给我一百万元！这些都是对结果执着。

我必须得到一百万元的执着翻译过来就是这样的~~ 我必须去做这事、做这事、还有这事。我想得到一百万元所以我必须得到三百万元的建筑工程，我必须对这个人低三下四，对那个人低眉臊眼，我还得让银行在每个环节都敲诈我一笔，最后我才能挣到这一百万。

但如果你不是执着于这个结果，你可以问：在未来两年、一年或半年里，让一百万元进入我的生活有哪些无限的可能性？你允许信息流向你，进而允许你接收它们。

和难缠的人打交道的最好办法是允许。如果你认出他是响尾蛇，你还会把他拉到你的床上吗？如果你认出了响尾蛇和邪恶的小混蛋，你可以说，有趣的观点。他以为他可以得逞，但如果你保持冷静、镇定，和你当下的感知在一起，你会知道他想算计或利用你。你在整个对话过程中会有觉知，你将不会让那发生。

当你说，噢，他真是个好人，那你就中枪了。当你说，我要以其人之道还治其人之身，那你就得和他干一仗。当你和他人产生冲突时，能量就卡在那里了。你不会想让能量卡住，你想让能量流动。若想这样，你必须在允许的状态中。你是河流中的岩石，河水在你周围流动。那个难缠之人无论在做什么，那都是一个有趣的观点。当任何事情都是有趣的观点时，你成为了河流中的岩石，而河水——能量——继续流动。

当我刚开始授课时，我常常说，当人们向你推能量时，你需要狠狠地从他们那里拉能量直到他们放弃。

一天我在想，"我讨厌推销员，尤其他们在晚餐时间打来电话的时候。我好奇如果我拉他们的能量会发生什么？"每晚6点钟，电话总是响起，总是推销员打过来的，要向我推销东西。我决定改变这种情况。一天晚上，电话响时，我说，这一定是个推销员，我知道的。

我拿起电话说："喂，"果然，是个推销员。他开始口若悬河，而我则开始拉他的能量。然后我说："嗯，你说的这个真酷。我一直在找这东西呐。你可以给我寄2个吗？"他说，"呃，可以的，先生。我可以记下你的信用卡号吗？"我说，"当然，没问题。"与此同时我疯狂地拉他的能量。

他记下信用卡号后问："您肯定您想买这个吗？"我说，"绝对啊。我一直就在找这个。"我能感受到他在想，"这个有什么不对劲，有什么不对劲，有什么不对劲。"

他挂了电话。不到五分钟的时间，我又接到一个电话。"道格拉斯先生吗？我是某某的主管。"我疯狂地吸进能量，把能量从我身体和存在的每个毛孔拉进来。"你订购了这个商品吗？"

我回答，"是的。我很高兴我买了它。"他回答："谢谢，道格拉斯先生。"

做销售的人需要一个屏障

我没有收到货品，也没有收到账单。为什么？因为做销售的人需要一个屏障。他们知道你有屏障，如果他们拆掉屏障，他们就可以搞定一单。但如果你不对他们竖立屏障，而且还拉动他们的能量，他们会认为什么地方出错了——要不你疯了，要不你是个骗子，或者你在用别人的信用卡。

我能够从我家窗户看到销售员走向我家前门；但我看到他们时，我就开始从他们那里吸能量。门前的通道是水泥路，但因为我拉他们的能量，他们还没走到门前就几乎要跌倒了。

我打开门，问："你好，今天可好？"然后我拉能量。

他们说："你好，我是卖这个产品的，不过这个产品不好，你不会真想要它。"

我继续拉能量，然后他们说："没关系，再见。"

他们不知道自己对我说了什么。

一个汽车销售员会这么说："我卖的这款卡车绝对棒，非常好开。"当你拉他的能量，他会说："变速箱马上就要过时了，这车其实不值这钱。我不敢相信我说了这个！"他们总是会这样，当他们向你施加能量时，你疯狂地吸纳他们的能量。

如果某人向你施加能量，而你海量地拉他的能量，他们会告诉你为什么你不应该买他们的商品。这同样适用于来敲你家门的教会人士。如果你允许他们进门，然后你疯狂地拉他们的能量，他们会自行离开。

教会人士来敲我家门时，我知道他们是谁，我打开门，疯狂地拉能量，并说："嗨，你们好！"他们说："我们代表上帝来到你家，"诸如此类的话。我会说："酷！我很高兴听你们说，你们不介意我为你们通灵吧？

如闪电般，他们闪出我的家，并把我家列进不能摆放的名单中。从此他们再也没出现在我家。

你如何拉动能量？

你如何拉动能量？你只需请求能量拉动起来。最近有人告诉我她是怎样对付警察的。她因超速被要求靠边停车，于是她开始吸纳能量。警察却没有给她开罚单，只是说："下次别这么干了。"你可以在任何情况下运用它。只要你拉动他人的能量，他们就无法做出侵害性的行为。

你可以做的一个练习是走进人群聚集的地方，比如一家咖啡馆。就站在门边，从在场的每个人那里拉动能量，直到他们都转头来看你。

你只需请求能量拉动起来：好吧，我现在从在场的每个人那里拉动能量，直到他们都转头来看我。

人们会转过来看你，然后你说：酷啊！就是这样，你无须努力，无须费劲。很简单的一件事。

你怎样讨回你别人欠你的钱呢？

有时人们会问我："怎样能讨回别人欠你的钱呢？"如果有人欠你的钱，你要做的就是从他们那里拉能量，经过你身体和存在的每一个毛孔，直到你感觉你的心打开。当心打开时，你和他们连接起来了。然后你让一小股能量流回给他们。持续每一天、一天二十四小时这样做，他们将无法将你从他们的脑海中抹去，直到他们把钱还给你。

这是怎么回事

当有人欠你钱时，他们竖起了一道屏障。如果你拉动他们的能量，然后将一小股能量流回给他们，他们无法停止想你。他们越想你，就越觉得内疚。他们越觉得内疚，就越可能把钱还给你。这很见效！

你想从已经去世的人那里收回钱吗？做同样的事。他会以另外一个身体找到你并给你一些钱。

你会奇怪，为什么这个人会给我钱？他离世了，找到一个新的身体，又回来了。你是一个无限的存在，对吗？你难道认为只有这一世才算数吗？

你有这样的经验吗？某人来到你的生活里，在你身上花很多钱，或从你这里购买一些东西，或给你一个工作，或者一大笔钱，而你一头雾水，不知他为何这样做？他们跟你没什么关联，却来给你一大笔并非你自己挣的钱？他们留下钱后又离开了你的生活？如果发生这样的事，是因为那个人在某一世欠了你的钱。

第五章

给予和接收

学习接收是你能做的最棒的事

我们曾经和很多人一起来面对他们在金钱方面的课题。这些人中，有的口袋里只有十美金，有的有一千万美金。有趣的是，他们都有同样的问题 – 这个问题与金钱完全无关。它只是关于他们是否愿意接收。

学习接收是你能做的最棒的事。金钱的限制、性的限制、关系的限制、你生命中任何事情的限制，都是基于你不愿意接收什么。正是那些你不愿意接收的，创造了对你能够拥有什么的限制。

评判限制了你接收的容量

无论何时当你陷入对任何事情的评判，无论它是一个正面的评判还是一个负面的评判——或任何程度的评判 – 你就切掉了原本可以超越那个评判来接收的容量。每一个你做出的评判阻挡了你接收任何与这评判不相符的事物，所以即使是一个正面的评判，比如，"这个人是完美的"，当他们不完美时，这个评判就阻碍你看见真相。如果你判断自己娶了一个完美的女人，当她不完美时你是否能看见？当她欺骗你时你是否能看见？不。你没有能力接收关于那个人的完整的真相。

一切让我们无法接收的都是基于我们的评判。你是否需要活在评判之中？不。事实上，你需要活在完全没有评判之中。如果你活在一个完全没有评判的地方，你可以接收这个世界的全部。你可以拥有你一直想要的一切。当你没有评判，就没有任何东西是你无法接收的。

有一个男人，拥有一家服装店，它坐落在城里的一个同性恋区，我曾经与他一起来看他的问题。那时候他的生意不太好，他请我帮他看看问题出在哪里。我们探索了方方面面，看上去都很不错，然后我就在想，是什么在阻挡了他成功？

我问他："那么，跟我说说你对客户的看法。"

他说："噢，他们都挺好的，除了那些人。"

我问他："那些人？你指的是哪些人？"

他说："噢，你知道的，那些进来的娘娘腔们。当他们进到店里，还挑逗我，我真的感到很讨厌。"

我问："你的店是在城里的同性恋区，对吗？"

他说："是的。"

我说："你知道吗？你犯了一个错误，因为你不能接收你的客户们的能量。如果你不愿意拥有他们的能量，他们不会给你任何钱。"

他问："什么意思？"

我说："如果你想赚他们的钱的话，你必须愿意接收他们的能量。你必须学着与他们打情骂俏。"

他说："我永远不会这样做！我可不想和一个男人上床！"

我说："我不是说要和他们上床。我是说你必须和他们调调情。你会和女人调情的，对吧？"

他说："嗯，当我老婆不在旁边的时候。"

我说"就像那样和一个男人调情。不是说你要和他做爱。只是说你愿意接收他给你的那个能量，然后你可以赚到他的钱。"

所以他学会了喜欢上他的客户们，与他们打情骂俏。他学会了与他们度过美好的时光，于是他开始赚很多钱。之前他对于接收客户们的能量有一个评判，这个评判创造了他能接收到的金钱的限制。你也一样。你在能量上不愿意接收的，成为了你能从中赚取的财富的限制。

什么是你绝对不愿意接收的？

我们接下来要问你一个问题，我们希望你将第一个跳入你头脑的答案写下来——或者大声说出来，尤其是当这个答案对你来说完全讲不通时。这个问题的目的是要对那些你不愿意接收的解锁。无论我们不愿意接收什么，它都制造了一个对我们可以在生命中创造什么的限制。它限制了我们可以拥有的。

就是这个问题：什么是你绝对不愿意接收的，而如果你愿意的话，它原本可以彰显为全然的丰盛？

我们向一群人提出了这个问题。这些是他们的其中一些回答。有没有哪个也适用于你？

人们不喜欢我　　评判　　健康

爱　　　　　　　性　　　自己　　　亲密

什么是你绝对不愿意接收的，而如果你愿意的话，它原本可以彰显为全然的丰盛？什么在你的列表上？你的回答与下面这些相似吗？

责任　　　　　　　我的伟大

成功　　　　　　　我得为某事奴役自己

怪异和与众不同　在我的生活中享受快乐，并对此感觉很好什么是你绝对不愿意接收的，而如果你愿意的话，它原本可以彰显为全然的丰盛？这次你想到什么？你的回答包含以下任意项吗？

容易的钱	被颠覆	关心
犯错	创造的能力	帮助
被打耳光	欢乐	冒险

很有趣，是吗？那些你不愿意接收的，限制了你可以在生命中拥有的。因为你不愿意接收这些，你无法拥有丰盛。每个人几乎都有同样的问题。那些来到你面前的，无论它是什么，你对它的不愿意接收，限制了你可以拥有的金钱的数量。它限制了你可以拥有的，在各个方面。是我们的不愿意接收制造出了这些问题。如果你愿意接收所有的一切，那会怎样呢？

你曾经决定你不能接收什么能量？你做出了什么评判，令你无法无限地接收？当你读到这些问题时，也许有一些东西出现在你的脑海里。它将是来自于——猜猜哪里——你那疯狂的头脑的回答，因为那里正是制造了你全部限制的所在。你的逻辑性的头脑吸收了这些疯狂的限制，并且给予它们合理性。头脑提供决定和评判，以保持限制的存在。

这里面很棒的是：从你脑海中的蹦出来的来自于你疯狂的头脑的回答，不仅仅是一个关于你的限制的陈述，它也同时是还你自由的答案。你的逻辑性的头脑只对你已经有的疯狂观点提供充分的理由。

那么，你拒绝接收什么能量？

我不和已婚女人鬼混

很多年前，在我三十几岁的时候，我训练马匹。那时候，我正计划去欧洲待六个月，我遇到了一位女士，她住在蒙特西托，那是圣芭芭拉的一个富人区。她有一些马匹，希望我去训练，所以我去了。她觉得我非常可爱，于是约我出去，挑逗我。我对这个的反应是一个评判：我不和已婚女人鬼混。她有一位做律师的丈夫，我可不想让自己陷入这样的事。我有可能会有大麻烦的。

所以我离开，去了欧洲，我走了六个月。当我回来，她开始打电话给我，基于我之前的评判，我只是不断将她拒之门外，与她没有丝毫牵扯。

两个月之后，我发现她嫁给了一个与我长得很相似的人，简直就像我的兄弟。我以为她是已婚的——但事实是当我在欧洲的时候，她已经和丈夫离婚了。没有人告诉我这个消息。

她结婚六个月之后，死于脑溢血，她给她的新丈夫留下了6700万美金。你觉得我的这些评判对我的生活有影响吗？你是否也有一些评判，对你的生活造成了类似这样带来损失的影响呢？

脱离掌控和失去自控

我们总是用我们创造的限制来控制自己。我们为自己制造枷锁来限制我们即将接收到什么，不会接收到什么，什么是可能的，什么是不可能的，我们认为它会怎样，我们希望它会怎样。我们以为这样就会让我们在掌控之中。但是你并不想在掌控之中——

你希望脱离掌控。你必须到达一个点，在那里你愿意完全脱离掌控。

我不是在说那种喝得醉醺醺的状态，也不是在说在高速公路上飙车至8000英里每小时。我不是在说在公众场合赤身裸体这类的事。这些是失去自控。你希望的是脱离掌控。问题是在你的生活中，你没有脱离掌控。

我们总是花很多时间去评判，去搞懂如何才能控制我们自己，好让我们可以适应这个世界。当我们脱离掌控，我们愿意存在于正常的框框之外，存在于主流观点之外。脱离掌控不是失去控制力，不是喝得醉醺醺。它是关于不让其他人的观点，其他人的现实、评判和决定成为我们生命中的控制因素。脱离掌控是拿走那些东西，你曾经将你的部分生活给了别人，你令他们比你更有力量。脱离掌控指你不再是那个影响的结果，而是源头。

你希望脱离掌控，因为你已经定义了你的生命。你已经将你的生命放入了盒子里并且将盒子盖上。你已经创造了这个棺材,你将这棺材称之为你的人生。你以为你是活着的,但其实你住在棺材里。如果你愿意打破这些棺材,你就可以开始从脱离掌控的状态中创造。

你已经将你的生命活成了棺材一般,一旦你愿意脱离掌控,你就是愿意从你创造的棺材中走出。你不再回望过去的经验,不再将过去作为你未来即将创造什么的源头。你会开始生活在这一刻。你不再试图基于你自己受限制的观点来获取答案,而是允许宇宙给你答案。

付出和回报对应给予和接收

这个世界基本上是基于付出和回报这个套路。有个观点是:我给你这个;你给我那个。这是一种交换模式,我们都卡在这个模式里。如果我为你口交,那么你就觉得你也必须为我口交。这是一个交换。我做这个,现在你必须做

那个。

而另一方面,在给予中,没有产生分离的交换。你给予而不期待回报,这样做的结果是,你立刻无限制地接收。给予即接收,接收即给予,这一切全都是同时发生的。借由给予和接收,你拥有了那些让你真正感觉与万物相连的要素。比如,当你走入大自然,它是否在给予你?它是否期待任何回报?

大自然无时无刻不在施恩于万物，同时它也从万物接收。果树生长出果实，它将果实完全献给你。它们是否有任何保留？

当你有一张花床，上面铺满美丽的花朵，它们给予你它们的芬芳和美丽，它们不要求任何回报。它们从你这里接收到的，是你给予它们的能量，你为它们的美丽而感恩。

我们大多数人活在付出和回报的模式里，而不是给予和接收。我们说："我打算给你这个，但是我期待一些回报。"我们赠送一个礼物，想着我们要获得什么作为回报。有多少次，当你收到什么东西的时候，你是否知道送礼物的人期待你做什么，给什么，为他们贡献什么或起到什么作用？大多数时候都知道？是的。如果我给你这个，你必须给我那个。这就是付出和回报。

当你活在这个付出和回报的世界，你终结了给予。这是一个可怕的错误，因为当你给予某人，真正的给予他们，你即刻丰盛地接收，超过任何你可以想象得到的丰盛。如果你真的不断地给予，那么你会即刻在各个方面接收。但是，在这个星球上，大多数时候，我们只是当我们不得不的时候才给予。那个在现实中运作的总是付出和回报的交换，而不是丰盛。

如果你有慷慨的精神，只是单纯地给予，完全不求任何回报，你的世界会是怎样的？它是不是很美妙？你为何不让它进入你的生命？也许是因为你不期待人们接收到你给予他们的——而他们确实接收不到。

无法接收的人

那些无法接收到你的给予的人，将你的礼物还给你，还附上匕首。他们必须向你显示他们多么不喜欢你的礼物，因为他们在第一时间就无法接收到它。

一位女士与我说起她的父亲。她试图告诉父亲她是多么在乎他，他回答说："是的，是的，亲爱的，好的。"他无法接收到它。当你试图给予某人，而他们无法接收到你说的，或者你给予的，他们总是否定它。为什么？因为他们不相信接收是可以的。

给太多的人

有的人给予、给予、给予，想着其他人会喜欢他们这样不断地给予。这是给予吗？不，因为这是期待回报。这有用吗？对方喜欢他们吗？不。通常他们会说：哦，我将要得更多——更多——你还有什么？那个我也要。

你是否曾经做过给予太多这种事？你是否给予你的孩子们太多？他们对你给他们的是否心存感激？对我的孩子们来说，似乎我给得越多，他们要的越多。就像我的朋友玛丽说的，孩子们会吸干你最后一口气，而且从来不说感谢。他们期待你一直给予他们，而且他们总是从你这里获取。他们看不见礼物需要被尊重。他们不认为你给他们的是礼物，他们认为无论你给的是什么，都是他们应得的。

无论何时，当你给予某个他认为他有资格接收的人，或是认为你应该给他因为你有钱或因为你能够——它就不是非常干净。在你的给予，或对方的接收中将没有真正的喜悦。如果你有一位朋友缺钱，你也许为了帮助他而试着给予他，然后很快你也许就发现你一直在给他，没完没了。这就是当你身处付出和回报模式中会发生的。有没有可能，在做所有这些付出的事情时，你认为你真的不应该接收？有没有可能，你感到你必须一直付出，而从不接收？

有的人给予是为了让别人感到更渺小。我们认识一位女士，她总是送给别人非常贵重的礼物。她的一位朋友曾经为此苦恼，她对我说："我无法回报给她任何东西，因为我不能负担与她送给我的同等的金钱。"我们针对这个问题谈了一会儿，她意识到她的朋友这样的赠送是一种将其他人推开的方式，当他们收到的礼物越多，他们会感到自己越渺小。

付出和获得与给予和接收以各种各样的方式在关系中发生。在一段关系中，如果你认为你必须付出150%，通常你会与一位愿意得到150%的人在一起。你不会获得一位与你一样付出那么多的伴侣。但是，当你在关系中真的是纯粹的给予并接收时，作为结果，对方也会在给予你的同时就接收。你给予他们，同时你接收。

你是否活在付出和回报的总账和对账单的世界？

通常，当人们无法获得东西时，他们会发展出这样一种观点：这是我的，我知道我有多少，你最好不要试图抢我的东西，该死的。他们活在付出和回报的总账和对账单的世界。你认不认识一些人，他们总是要保持财务平衡？他们会像这样说："账单是37.5美金。如果我们对半分，那就是一人18.75美金。OK，你欠我18.75美金。""这是我的食物。不要吃我的梨！"这种思维方式最终会导致他们无法获得丰盛。你不可能活在付出和回报的对账单世界，同时相信你生命中的丰盛。如果你采取完全不同的看法会发生什么呢：你想要它吗？拿去！

当你清除了"我必须获得我的那一份"的想法，你就可以经验到宇宙的丰盛。如果你全然丰盛，你是否还会在乎你的室友吃掉了你认为属于你的梨子？如果你是一个无限的存在，拥有无限的资源，无限的可能性，还有什么会从你这里被夺走呢？你还会给得过多吗？

宇宙是无尽的丰盛

我改变自己关于给予和接收观念的方式之一，是练习不期待回报的给予。有一次我和一位朋友去一家餐厅。我点了一杯咖啡，一个甜甜圈，我的朋友点了一杯茶。我们的侍者大概45岁。她先给我的朋友拿了一把调羹，然后走回去给我拿了一把调羹，然后她给我端来咖啡。然后又走回去端来了茶，接着是奶昔，最后是甜甜圈。

我问她："你今天是不是很辛苦？"

她的眼泪涌了上来，对我说："我以前从来没有工作过。这是我的第一份工作。我不知道怎么做。我手忙脚乱。"

我说："别担心，会越来越好的。你会越来越熟练。"

她说："谢谢你。你真好。"

她给我们拿来了账单，5.12美金。我给了她10.12美金。

当我们走出门时，她追出来说："先生、先生，你钱给多了！"

我说："没有多。这是小费。是为了让你知道你做的挺好的。"你可以看见她的小宇宙的光芒。

另一次，我在纽约，步行去吃午餐，有一位年轻人坐在街头，他的腿上有一处很大的敞开的伤口，在他的面前摆着一个铁罐。没人往里面投钱。在我吃完午餐回来的路上，我将20美金塞入那个罐里，没有看他，然后他的反应是："谢谢你，先生。哦，我的天哪！上帝保佑你！上帝保佑你！谢谢你！"

我可以感受到因为他被看见并且被不计回报地给予，他整个人由内而外散发出的能量振动。他收到的不是25美分，不是5美分——不是"好吧，你是一个小流浪汉。"– 而是足够他好好享受一顿美餐的钱。

如果你做这类的事情，你就打破了"在这个世界上不存在丰盛"的这种观念。你必须这样做。你得让这样的事情发生。

我离婚后，从我的房子里搬出来，我有一些古董，我原本打算卖掉它们，但我没这么做，我将它们送给了我的朋友，一位古董交易商，他比我有钱。我把所有的古董都给了他，这令他非常困惑。他不明白为什么我会送给他，因为他拥有的比我更多。他的观念是你应该给予那些拥有的比你更少的人。这是你需要颠覆的观念。

当有钱的人和钱比他少的人一起出去，通常更穷的人会期待更有钱的人付账。当我和富人出去吃晚饭，我总是会特别注意付账。他们不知道如何处理。我不比他们更少。你也可以玩玩这个。隔一段时间就拿起一次账单。看看会发生什么。

生命的目的在于玩耍，也许金钱的目的是为了打破人们的固有模式。不过，你真正在做的，是基于"宇宙是无尽的富足"这个观念来生活，当你基于这个运作时，生命中的一切都会变得更好。

人类和类人：你是哪一种？

在我们所从事的Access的工作中有各种发现，其中一个令我们出乎意料的是，我们发现在地球上有两种存在：人类和类人。

人类活在对他人的评判中，认为生命就只是它呈现的这个样子，没有什么事情曾经对过，他们甚至懒得去想另一种可能性。

类人总是寻找让事情变得更好的办法。如果你发明东西，如果你试图把事情搞清楚，如果你总是寻求更好、更拓展的方式来创造什么，你就是一个类人，而不是人类。类人是那些带来改变的人。他们创造出各种发明，音乐和诗歌。从对现状的不满意之中，他们创造出所有的改变。

"唔，如果你有一台电视的话..."

对于类人来说，了解到我们总是被评判，我们总是无法适应，这是一个巨大的解脱。我们如此努力，但始终无法将自己装入人类的模子里。我们中的大多数绝望地试图理解并适应人类关于金钱的现状——以及其他一切事物。人们告诉我们："喔，如果你有一台电视，一辆新车，和一份正常的工作，你就会很好的。"

提出人类与类人的不同，不是为了批判人类。而是为了看见我们类人是怎样批判自己。

类人评判他们自己

要了解类人，最重要的一点是，他们总是批判自己。类人认为他们自己有问题，因为他们和周围的人是如此不同。他们会问自己："我怎么总是搞砸？我究竟有什么问题？我为什么就不能像其他人那样？为什么我就不能安分点儿？我是怎么了？"他们不断地批判自己。他们奇怪为什么他们不能得到其他人得到的，不能做其他人做的。

当有人对类人说谎，或者欺负他们，类人会转过身来看自己做错了什么。他们会判断自己是错的而对方是对的。我的一个类人朋友曾经和一位生意上的合伙人共事很长时间，有一天他聊起他的生意似乎从来没赚过钱。

我说："有什么事不对劲。你最好看看账簿。我想你的合伙人在欺骗你。"

他说："噢，他不会骗我的。"

我问他："你能不能去查一查？"

他决定好好看看那些账簿，当他的合伙人发现他在查账，怒气大发并对他进行各种指责。我朋友的反应是狠狠地批判他自己，认为自己是如此地不忠诚，居然怀疑他的合伙人。

一个月之后，我的朋友发现他的合伙人在欺骗他。

我的朋友对发现他的合伙人在欺骗他的反应是对他自己又加诸了一堆批判，而他的人类合伙人的反应是："这全是你的错。如果你不是一个这么糟糕的合伙人，这些事都不会发生。"

这就是全部

人类对于他们是拥有无限可能性的无限存在一无所知。他们不相信轮回。他们认为这就是全部。他们会像这样说话："你活着，你死了，然后你成了蠕虫的食物。"

在我继父，一个十足的人类，遭遇一次心脏病突发之后，我和他聊天，我说："爸，你心脏病发作时是怎样的？"没有人问过他这样的问题。

他说："哦，我记得我突发心脏病，我站在我的身体之外看着……"他声音变小，然后又从头说：

"哦，我突发心脏病，然后我看见他们把电极压在我的胸口……"再一次，他话说到一半又停下了，等了一会儿，然后再次从头说起。

"哦，"终于，他说："我突发心脏病，然后他们把电极压在我胸口，猛击我。"

他无法承担一个事实，他站在他的身体之外看着事情发生。这是一个很典型的例子，显示了当他们无法承担一个与他们对事实的评判不符的情况时，会发生什么。他的事实就是你在一个身体里面，这就是全部。一个人类永远不能承担与这个观点不符的任何事情："这就是全部"。人类不相信其他的可能性。他们不相信奇迹或魔法。那些医生、律师和印第安首领创造一切。人类什么也创造不了。

47%的人口是类人，他们是一切的创造者，为这个地球的现实带来改变。52%是人类。（那剩下的1%呢？总有一天我们会告诉你关于他们！）人类努力让事情保持原样，从来不希望任何事发生变化。你是否去过什么人家里，他们三十年内没有换过家具？人类。

人类会一直住在同一个社区，直到它日益衰败，即使这样他们也不会搬走，他们会在窗户上安装栏杆，以阻挡坏蛋（译注：jailbirds 囚犯、坏蛋）进入他们的房子。那么是谁在从栏杆里面向外看？嘿，你刚把自己变成了一个囚犯！人类是那些会把所有的植物、树木砍倒，只为重建一栋房子的人。他们为了创造会毁灭一切。"事情就该是这样"，他们会说："我们即将毁灭一切，这没什么大不了的。"

人类总是评判别人，因为他们生命中的一切都是关于评判、决定、强制和努力。这是他们唯一能从中创造的地方。想想你认识的人之中谁是人类。感受他或她的意识。现在，感觉一下石头的意识。哪个更轻一点儿？石头对吗？是的。石头都更有意识，所以我们为什么要和人类呆在一起？我们都有人类朋友和家人，但是他们总是评判我们，对我们说我们所做的一切是多么地糟糕。而我们作为类人，总是倾向于批判自己，这更加重了他们对我们的评判。

认识到你是一个类人

如果你不宣告你作为类人的全部能力，你会怎样？如果你不了解、不知道你是类人，你就会从一个人类的观点来创造。你相信——并创造——一个关于你自己的有限可能性。人类会说："给我看步骤，"然后会很努力地一次做一个步骤，但是你，作为类人，有能力从A合并到Z，就像这样。你可以砰、砰地然后拥有一切你想要的，但是我们绝大多数都没有宣告自己的这个可能性。我们总是试图将自己塞进人类的存在。

这是一个错误，因为人类总是安于现状，而不想任何事情发生变化——而类人渴望扩展，渴望丰盛并充满创造力。如果你对扩展有兴趣，对获得丰盛的人生，舒适又充满创造力有兴趣，那么不要再将自己挤进人类的模具。认识到你是一个类人——并宣告你加入富有和著名一族的能力。

类人，工作和金钱

类人不为钱工作

在人类和类人之间有一个非常有趣的差别是，类人不为钱工作。当一个类人创造了什么东西，或者提供了一个服务，而另一个人真的接收到了，类人就感到完成了。对类人来说，这就是交换。他们会说："哇哦，真是太棒了！"然后他们就完成了。他们的礼物被接收了。那就是交换的终点。他们的能量在这个过程中已经完成了。

金钱与类人的创造力或激发他们的推动力毫不相干。金钱是一个附属品。它是随之而来的结果。它什么也不是。大多数类人会宁愿不要处理金钱，不要将注意力放在金钱上，因为它与他们的创造力毫不相干。对他们来说，工作或是创造本身才是有趣的部分。在他们创造了什么东西之后，他们会望着四周说："我还可以创造些什么呢？"创造为他们推动着能量。在类人的世界里，所有的能量都流入创造。

如果你是一个类人，我们认为你是，觉知到这点很重要，因为除非你愿意接收你的作品或服务所带来的附产品，否则你不会收到钱。事实上，你会将钱推开。你会阻止金钱的流入。你会拒绝收取它即使那是你应得的。你不会要求收费。

当到了收钱的时候，类人会像这样：呃......你是想现在付钱还是以后？为他们的工作收钱对他们来说很难，因为，真的，他们想要的就只是他们的礼物被接收。

反之，人类，就很清晰：他们为了金钱工作。一个人类的合同工或开发商会来到一个地方，摧毁所有的树木和一切在这片土地上的生命，建造一个由混凝土制成的新东西，只为了他即将从这之中获取的金钱。他可以为了钱做这件事。

类人感到困惑，因为他们无法为了钱工作，然而他们从小到大被灌输的观点是：你只为钱工作，如果你没有从中获得报酬，它就不值得做。我们试图适应人类关于金钱的现实，而这带给我们巨大的困难。我们必须了解，作为类人我们有一个不同的观点，而且我们也必须愿意接收伴随我们的努力而来的附产品。我们必须能够要求——和接收——金钱。

第六章

庆祝你的丰盛

你是否在分享宇宙的匮乏而非丰盛？

有的人感到他们接收了比人生中公平的份额更多的部分，他们活在对自己的评判中，因为他们比别人拥有更多。他们被教导说他们应该与别人分享他们的一切，而且没有人应该比别人拥有得更多。在他们的家庭里，蛋糕被平均切分，除了爸爸。爸爸通常得到比较大的那块，因为他是养家糊口的人。

有没有可能你也相信类似的故事？你是否生活在平等均分的现实里？你是否在分享宇宙的匮乏而非丰盛？让我问你："分享宇宙的丰盛而非匮乏有什么不对？"你难道不想放弃将匮乏作为你的现实吗？难道你不会更愿意分享宇宙无尽的丰盛吗？

你是一个全然丰盛的人

你是否在过去世曾经非常富有？是的，你有过。你会不会一直困惑，"这一世的钱到底去哪儿了？它现在应该现身了吧？"

你是否在过去世曾经彻底破产？当然有。有多少世你的钱只是勉强够生活。你是否依然在捉襟见肘的状态？你是否愿意将勉强维持作为一个观念放下。

让那个感觉升起："哦，我的上帝，我只能勉强维持我的生活。"扩大这个感觉，让它变得比宇宙还大。它发生了什么变化？它变得更加坚固，还是它消失了？它消失了，这意味着它是一个谎言。你作为一个无限的存在不可能是勉强维持。你是全然的丰盛。

这个宇宙，即使在地球这个星球，也是一个不可思议的无比丰盛的地方。即使有贫瘠之处，唯一的原因也是因为人类愚蠢到将那里的一切都拿走了。大自然会将每一寸土地填满。当你走进森林，它是空的吗？不。即使在沙漠中，依然到处都是生命。各种各样的植物、昆虫、和小动物。每一寸土地都被什么东西覆盖着。

你怎样才能活得不丰盛？通过认同匮乏的信念。你接受了丰盛不存在的观念，因为你无法找出丰盛到底从哪儿来。你看不见实际上丰盛一直围绕着你。

我们会想，噢，将来我会有钱，或者，过去我曾经有钱，但是我们看不见我们现在就是全然的丰盛。

你是否正在拥抱这个想法：金钱可以立刻就在这里

现在闭上你的眼睛，看金钱向你涌来。它是从后面来，还是从前面来？是从右边来，还是从左边来？是从上面来，还是从下面来？如果你看见钱从你前面来，那个想法是你即将在未来获得它。但是未来什么时候到来？永远不会。你总是在你前面寻找着金钱。你就像那头前面挂着根胡萝卜的蠢驴。你总是追逐着一个未来的事件。

如果你看见钱从你的右边来，那么那个观念是你必须很努力才能得到它。如果它从左边来，你认为它会来自于一个援助。某人将给你一笔援助来让你变得有钱。

你是否看见它从你后面来？那意味着你曾经有钱但是你不会再有钱。

如果你看见它从你上方来，那意味着你认为上帝会将钱给你，因为没有其他人会。

你看见它从地面来？那么你最好成为一位农夫，因为那是你认为钱会来自的地方。它将会从你脚下生长出来。或者你可以走出去成为猫眼石的采矿者，从这之中挣钱。

如果你让金钱从四面八方向你涌来，那会是什

么感觉呢？

如果你让金钱每时每刻从四面八方向你涌来，那会是什么感觉呢？现在就让这种感觉升起。此刻，让它变成无限大，比宇宙还大。它是变得感觉坚固，还是更微弱了呢？保持住这个感觉，然后你明天就会有钱了。

这个观想的理念是为了让你清晰地了解你认为金钱会从哪儿来。如果你有这个想法：金钱会来自于未来，那么你就无法拥抱金钱会在此时就来到的想法。如果你一直在明天、明天、明天寻找它，那今天的账单什么时候付？明天或者昨天，或者它们干脆不被支付。这会让你一直不断地忙于应付，而不是与提供给你的这些在一起。

如果你真的觉知，如果你与万物处于连接中，如果你作为你真正所是的类人存在，如果你从没有评判的时间、空间、各种维度和现实构成的美好之中运作，金钱可以只是简单地成为你生活中的一部分，而不是最终的目的。

猜猜有钱是关于什么？

大多数人将钱变成一个目标或者一个需要。他们像这样说话：如果我有＿＿＿ 或只要我有＿＿＿ 或钱会让我＿＿＿。这里面没有一句是真实的。这些只不过是观念，我们用它们来替代真正允许自己拥有我们生命中可能的一切。当你这样做时，你是在将金钱变成无比重要的，而不是将它看做生长在你花园里的一朵花。如果你花足够多的时间培育金钱，为它浇水、施肥，细心呵护，就像你对待你的花儿一样，你觉得它会不会在你的生命中生长呢？我不是建议你将钱真的种进土壤里，但是我知道如果你像这样看待金钱，将会有帮助。你是否必须要能够接收钱呢？绝对是。你必须敞开来接收。猜猜有钱是关于什么？接收的能力。

自力更生呢？

有时人们会问我：那自力更生呢？我反问他们：你为什么想要自力更生？难道你不是宁愿能够接收一切吗？当你愿意接收，一切都是可能的。

我们绝大多数都做了像这样的决定：我必须得靠我自己，这意味着我们都是单独的。当你有这样的观念，我是自力更生的，我是独自一人，我靠我自己，我打算只靠自己完成这件事，你愿意接受多少帮助呢？完全没有。你又会获得多少帮助呢？完全没有。你是如此忙于证明你必须靠自己，你不会让别人帮助你创造金钱。你像这样：我会证明我不需要任何人。我不管你说什么。我不需要你。走开。

当然，事实是，金钱喜欢为你服务。它认为它的工作就是成为你的仆人。你不知道这个，对吗？金钱认为它应该是来提供服务的。提供服务的人是你的仆人。你是否愿意放弃为钱服务，而是从今往后让钱为你服务？

如果你每天都庆祝你的生命，会怎样呢？

如果你不庆祝你的生命，如果你不将你的生命变成一场欢庆，如果你将生命创造成关于职责、工作、痛苦、演戏、烦恼、勾心斗角，那你的生命中会出现什么呢？更多的一成不变。但是如果你开始将生命当做欢庆一般创造，各种各样的可能性就会出现。

我的前妻和我离婚的时候，我从我们的房子里搬出来，只拿了很少的一点东西。我从五套上好的瓷器中带走了一套，从五套纯银餐具中拿了一套，还有一口平底锅，一把锅铲，一把汤匙，和那套曾经属于我父亲的切肉刀叉。我还拿了一套旧餐具，这套旧餐具每个碗碟上都已经有缺口，我前妻已经不喜欢它们。还有一对没人要的旧玻璃杯和一对很丑的咖啡杯。这就是我全部的厨房用品。我带着它们搬入我的新居。

我将上好的瓷器收起来等哪天庆祝的时候或我办晚宴的时候再用。我确信我将在那张小圆桌上招待16个人，对吗？然后我将所有那些丑的，旧的东西放进我厨房的碗柜里。

然后，有一天，我看着它，说："等等。我将这些东西收起来为将来庆祝用，而我却过得像个乞丐。我到底在过谁的人生？我的？我要我的生活本身就是一场欢庆。"

我拿出全部的好瓷器，然后我说："如果当我在吃早餐的时候，打烂了一个麦片碗，我将需要花费38美金替换它。但是谁在乎呢？我的盘子，如果我摔烂了他们，那会是16美金一个。那又怎么样？我就用乔治亚时代的纯银餐具。我的勺子要360美金一把。我值得这个。"

我出门去买了水晶玻璃杯。再也不要那些即使你将它们扔到地板上也不会破的，厚厚的，旧旧的玻璃杯了。我要那种当我一不小心碰了它一下，就碎了的。

生命需要成为一场欢庆。如果你没有在欢庆你的生命，你就没有在活。每一天，生命都应该是一场性高潮一般的体验。你不应该将它活成你要忍耐的，你必须要做的，还有哪些剩下的。你打算将你的生命活成像是一堆剩下的包裹那样的，还是将它作为一场欢庆来创造你自己？

我有香槟——不是那种廉价垃圾货——而是很好的香槟，我的冰箱里总是放着至少五瓶香槟。有时我的晚餐是香槟和派，只是因为我可以这样。

如果你将你的生命活成一场欢庆，如果你在生命中寻找欢乐而不是忧郁，你将创造一个完全不同的现实。这难道不是你真正想要的吗？

今天应该是你生命中最棒的一天

当我去参加我姐夫的40岁生日会，男人们都在客厅谈论他们人生中最美秒的时光，那时他们读高中，18岁。他们有很酷的车，爱好运动。女人们都在厨房聊着她们人生中最美妙的时光，那是当她们的孩子出生的时候。轮到我说的时候，他们问我："你人生中最美妙的时光是什么时候？"

我回答说："今天，如果不是，我就他妈的打爆我的头。"那之后我就不那么受欢迎了。今天应该是你生命中最棒的一天。如果今天不是你生命中最棒的一天，你干嘛还要活着？

就在今天，我的生命将是一场欢庆

每天都提醒自己将你的生命变成一场欢庆。在生活中寻找欢乐。每天早晨说：就在今天，我的生命将是一场欢庆，然后期待那些即将出现的新的可能性。

祈请你生命的伟大

"要，你就将得到"是圣经中的真理之一。

所以，你打算要什么？你的伟大？如果你请求显露你的伟大，那么各种各样其他的东西都会随之而来。祈请你生命的伟大。请求生命中的欢乐和庆祝。不要只是要求金钱，因为钱与你生命的伟大无关。你才与它有关。

如果你祈请你生命的伟大，如果你祈请你自己的伟大，如果你请求生命成为一场欢庆，那么你会拥有无限的可能性。如果你只是要求金钱，什么也不会出现，因为金钱不是能量。金钱只是你用来到达那里的管道。祈请你的伟大。

如果你有勇气祈请，你就会收到。

当一切都说完了、做完了，你还有什么？

最近，一些墨西哥湾飓风的幸存者在电视上接受采访。有个人家被毁了，采访者问他："飓风带给你什么感觉？"这个男人说："噢，你知道，我搬到墨西哥湾，带着所有我在世上的珍贵物品，所有家庭的照片，所有一切我认为对我来说有价值的东西，而现在，我剩下的就只是一块木板。我拥有的一切都在这阵风里被吹走了。但是你知道吗？我还有我自己。"

同样的事发生在加州的一场大地震之后。一位采访者在电视上问一个人："地震带给你什么感觉？"这个男人说："我妻子和我在三楼的卧室里。我睡得很沉。没穿衣服。突然来了一个大的震动，我一下子就在地上了。我不知道东西都去哪儿了，我旁边有一条短裤，我穿上它。我妻子发现她的睡袍在身边。唯一我们还能找到的一件东西是一张我们结婚时拍的我妻子的照片。我们不知道我们的衣服去哪儿了。我不知道任何东西在哪里。我们什么也找不着。但是你知道吗？我们还有彼此。"

当一切都说完了、做完了，你还有什么？

你。

你是你生命的起点。你是创造你的金钱、你的财富、你的力量和一切其他东西的起点。无论发生怎样的灾难，无论你失去什么，你总是有你。你是一切发生在你生命中的事情的起点。

你可以改变金钱流进你的生命的方式

- 将你收入的10%存起来。向你这座教堂缴纳十一税。

- 在你的钱包里放很多钱——但不要花。

- 问自己感知、知晓、成为和接收这个问题，问几天——或几周——直到你开始看见一个变化。这是对于觉知到是什么在限制你的伟大的工具。感知、知晓、成为和接收我抗拒、不敢、永不但又必须感知、知晓、成为和接收的，让我可以对_____拥有完全的清晰和轻松。或用简化版：我需要感知、知晓、成为和接收什么，才能让我_____。

- 不要评判你自己。了解你是类人。这给了你一个利益，相较于世界上的其他人来说这有点不公平。接受它！你的生活反映出这个好处了吗？你有很多钱了吗？你会有的。

- 当你开始评判自己的时候，问，这是我的吗？98%的你的思想、感觉、情绪都不属于你。你比你自己想象的要有心灵感应得多。当你开始问你自己，这是我的吗？你会变得对你没有念头这个事实非常清晰。基本上，你的头脑是空的。

- 活在十秒递增的状态里。如果你没有活在十秒递增的状态，你就没有活在选择中。如果你持续地在十秒递增中创造，你不可能犯错，因为你可以犯一个愚蠢疯狂的错误十秒钟，然后十秒之后你可以改变它。

- 使用能量流。如果你试图与某人连接，或者如果你希望他们还钱，用你身体和你的存在的每一个细胞从他们那里拉能量，然后让一条细流回到他们那里，于是他们无法将你从他们的脑海里清除。他们会不得安宁。这会让他们发疯，直到他们还钱给你。

- 开始留意你在创造什么。它让你快乐吗？如果事情一直以某种方式出现，一定有什么是你喜欢的。如果生命总是呈现没有金钱、没有朋友，或者没有其他什么的状态，那是因为在这之中有些什么是你喜欢创造的。一旦你意识到，好吧，我一定是爱这样，我不知道为什么，但好吧，我爱它，事情就会开始变化。

- 活在提问中。提问赋予你力量；答案剥夺你力量。如果你生命中得到的不是你想要的，留意你真正在要的是什么，以及你在得到什么。你如何改变它呢？问一个不一样的问题。当你提问，宇宙会尽其所能给你答案。不是：噢，我的上帝，我的人生糟糕透顶。而是：有什么不一样的无限的可能性可以出现在我的生命里呢？

- 当金钱在你的生命中出现，问，怎样可以比这更好呢？

当一个账单在你的生命中出现，问，怎样可以比这更好呢？（也许你会发现这张账单是个错误）不断地问，怎样可以比这更好呢？无论它是好或坏，而宇宙会尽其所能让它变得更好。

- 说：生命中的一切都来得轻松、喜悦而充满荣耀。这是我们Access里的真言：生命中的一切都来得轻松、喜悦而充满荣耀。这不是一句肯定语，因为它不是关于只拥有正面积极。它包含了好的，坏的，和丑陋的。我们将轻松愉快充满荣耀地全部接纳。没有什么需要成为痛苦的，受折磨的，充满暴力的，虽然这是我们大多数人生活的方式。你可以玩耍。如果生命的目的就只是玩耍呢？生命中的一切都来得轻松、愉快而充满荣耀。每天早晨和每天晚上各说十遍，它将会改变你的生命。将它贴在你浴室的镜子上。告诉你的伴侣它被贴在那儿的原因是你需要记住它。它也会改变你伴侣的生命，因为他/她不得不看见它。

- 为你自己做个决定，无论付出什么代价，你都不再认同过去的观念。你将不再过着一个被贬低的生活。

- 将你每天的生活变成一场欢庆。每天早晨说，就在今天，我的生命会是一场欢庆，然后期待那些即将出现的新的可能性。

致读者

　　这本书里的信息只是对Access能够提供的一个浅尝，Access是一整套方法和技巧的大集成。如果你的生活中有不得意之处，而你知道你其实可以马到功成，那么你可能会有兴趣参加一个Access课程或找到一个Access导师为你做个案，帮助你对自己无法克服的事情获得清晰。Access的方法由Access导师带领，以你自己和导师的能量来运作。

专业术语

成为

在Access Consciousness体系中，单词"成为"通常用于提及到你是一个真实的无限的存在，而不是你在你自己的观点中认为你所是。

除障语句

在Access Consciousness体系中我们用到的除障语句是：Right and wrong, good and bad, POD and POC, all nine, shorts, boys and beyonds.

速记法就是：什么是好的、完美的、还有正确的呢？什么是错误的、刻薄的、凶险的、糟糕的、坏的和差劲的呢？你是否为好坏对错都做了决定？

POD 代表摧毁点，所有您一直在摧毁自己，以维持您所要清除的。

POC 代表思想，感受和情绪在作出决定之前的创造点
有时候，除障句有个简易的替代版，我们只要说，"把
它POD 和POC掉。"

All nine 代表我们在能量上清除的全部九层障碍。你知
道我们有的时候进入到9层能量的时候，你会把你自己
变成矮种马，你把你自己启动成了狗屎。

Shorts 什么意义或缺乏意义的？它的惩罚是甚么？它
的奖励是甚么？Short是这些语句的短的版本。

Boys 代表核心球体。你是否见过一个小孩玩得泡泡管
道，吹起来，然后你创造了大量的泡泡。你打破一个，
然后又出现了，然后你打破一个又一个泡泡，然后又出
现了。他们就好像那样，你永远不能全部都打破。

Beyonds 是我们身体的感觉或觉受，在我们的路途上
使我们停滞不前。您可曾试过收到一张超出预期的账
单？当你收到那张超额账单时，一切都停顿下来了，
在时间，空间，不同次元及实相里都凝固了。这就
是"beyonds"了。我们在人生的很多范畴里都有冻结起
来的时候。

　　这本书大多数的清理语句来自于加利•M•德格拉斯和戴恩•
希尔博士所写的书《Right Riches for you》（譯："适合你的
财富"）

Access其他书籍

《那个地方》(The Place)

加利道格拉斯著

当杰克莱恩驾驶他的经典雷鸟57汽车穿越爱达荷州时，一场灾难性的车祸催化了一个他不曾预料的旅程。身受重伤、无法动弹的他独自躺在深山老林里呼救，而这个呼救不仅改变了他的生命，而且改变了整个实相。杰克被开启了对各种可能性的觉知——我们始终知道这些尚未显化的可能性是一直都存在的。

此书获邦诺书店畅销书（Barnes and Noble，美国最大的图书零售商——译注）。

《成为自己，改变世界》(Being You, Changing the World)

戴恩希尔博士著

你是否始终知晓，有完全不同的东西是可能的？如果你有一本工具书，指导你拥有无限的可能性和巨大而不断的改变呢？这本工具书提供你很奏效的工具和除障程序，邀请你成为完全不同的生命体？为了你？为了世界？

《没有分离的关系》（Divorceless Relationships）

加利道格拉斯著

如果你不需要为了创造一份亲密的关系而分离你自己呢？此书包含了工具、练习和除障程序，你可以运用它们令你无需在一个关系中放弃你自己的任何一部分。

《魔力。你就是。成为它》（Magic. You are it. Be it）

加利道格拉斯和戴恩希尔博士著

魔力是令你心想事成的乐趣。真正的魔力是拥有生活本身的欢乐。在此书中，你可以得到一些工具和视角，用来创造意识和魔力——并以你从未想象的方式改变你的生活。

《和动物对话》（Talk to the Animals）

加利道格拉斯和戴恩希尔博士著

你是否知道，这个星球上每一个动物、每一个植物、每一个结构都有意识并愿意为你奉献？如果我们愿意接收，动物有巨大的信息和令人惊叹的礼物给予我们。

《性不是那四个字母的词，而关系则太经常是》（Sex is Not a Four Letter Word but Relationship Often Times Is）

加利道格拉斯和戴恩希尔博士著

有趣、坦率、令人欢愉地不敬，此书为读者提供了一整套如何创造很棒的关系及超常的性的新鲜视角。如果你不再猜测——而是去发现什么是真正行的通的呢？

怎样让你富的很对！(Right Riches for You!)

加利道格拉斯和戴恩希尔博士著

如果创造和拥有金钱是有趣而喜悦的呢？如果，你有趣而喜悦地拥有金钱，你得到的比这更多呢？那将是怎样的？金钱跟随喜悦，而喜悦不跟随金钱。

Ingram Content Group UK Ltd.
Milton Keynes UK
UKHW020725300523
422560UK00013B/314